本书获内蒙古财经大学学术专著出版基金资助

共同富裕背景下内蒙古农村新型集体经济发展的理论与实践研究

吕文静◎等著

中国商务出版社
·北京·

图书在版编目（CIP）数据

共同富裕背景下内蒙古农村新型集体经济发展的理论与实践研究 / 吕文静等著. -- 北京 : 中国商务出版社, 2024. 12. -- ISBN 978-7-5103-5552-3

Ⅰ. F326.372.6

中国国家版本馆CIP数据核字第2025575A2W号

共同富裕背景下内蒙古农村新型集体经济发展的理论与实践研究

GONGTONG FUYU BEIJING XIA NEIMENGGU NONGCUN XINXING JITI JINGJI FAZHAN DE LILUN YU SHIJIAN YANJIU

吕文静　等著

出版发行：中国商务出版社有限公司
地　　址：北京市东城区安定门外大街东后巷 28 号　　邮编：100710
网　　址：http://www.cctpress.com
联系电话：010-64515150（发行部）　010-64212247（总编室）
　　　　　010-64243016（事业部）　010-64248236（印制部）
策划编辑：刘文捷
责任编辑：刘　豪
排　　版：德州华朔广告有限公司
印　　刷：北京建宏印刷有限公司
开　　本：787 毫米 × 1092 毫米　1/16
印　　张：11.75　　字　　数：210 千字
版　　次：2024 年 12 月第 1 版　　印　　次：2024 年 12 月第 1 次印刷
书　　号：ISBN 978-7-5103-5552-3
定　　价：68.00 元

前言

实现农民共同富裕是全体人民共同富裕的核心内容。习近平总书记指出："中国要强农业必须强，中国要美农村必须美，中国要富农民必须富。"同时，习近平总书记指出："促进共同富裕，最艰巨最繁重的任务仍然在农村。"大力发展新型农村集体经济是推动农村共同富裕的重要战略举措，新型农村集体经济与农民共同富裕之间存在内在逻辑耦合，农民共同富裕是新型农村集体经济的逻辑前提，同时新型农村集体经济是实现农民共同富裕的支撑载体与物质保障。习近平总书记高度重视新型农村集体经济的发展，多次强调"完善农村集体产权权能，发展壮大新型集体经济，赋予双层经营体制新的内涵"，"要把好乡村振兴战略的政治方向，坚持农村土地集体所有制性质，发展新型集体经济，走共同富裕道路"。习近平总书记多地考察乡村振兴时反复强调，要"深化农村集体产权制度改革，发展壮大新型集体经济"。新时代呼唤新型农村集体经济，集体经济发展面临新机遇、新环境、新动力和新要求，越来越多的农村走向新型集体经济模式，全国农村集体经营性资产股份制改革持续深化，并通过保障个体农户独立进入市场以及集体经济与个体经济有机融合推动农业农村现代化。但不少地区还面临着发展模式选择有限、各村发展不平衡、带动农民持续增收能力偏弱等问题，欠发达地区新型农村集体经济发展缓慢。站在新的历史起点上，要积极创新新型农村集体经济发展路径，激活农民增收"动力源"、培育集体经济"增长极"，让新型农村集体经济成为推动乡村振兴、促进共同富裕的重要支撑。

新型农村集体经济是促进城乡融合、改善农民生活的重要经济形态，也是适应农业农村现代化发展的需要、实现农业农村共同富裕的前提条件。习近平总书记在党的二十大报告中指出"巩固和完善农村基本经营制度，发展新型农村集体经济……"为中国集体经济发展进一步指明了方向。中国农村发生了翻天覆地的变化，但“三农”问题依然突出，全国仍有超过一半的集体经济“空壳村”，不少农村甚至出现衰败的现象。集体经济历经传统集体经济到新型集体经济的形态转变，“新”在所有权关系更为明晰、成员主体更为清晰、组织治理更为民主、组织机构逐渐去行政化。值得思考的是，对标2035年、2050年远景目标，如何促进新型农村集体经济多样化发展？实践中形成了哪些典型的发展路径？新型农村集体经济发展面临哪些困境？未来发展的目标、思路和重点任务是什么？回答好这些问题，对壮大新型农村集体经济、实现农村共同富裕具有重要的理论价值和现实意义，还能为决策部门和实践部门提供理论参考和实践证据。

本著作是集体智慧的结晶，作者顺序依次为吕文静、吴碧波、吴寿平、刘玲、任文等，本书获内蒙古财经大学学术专著出版基金资助，同时也受到国家社科基金一般项目“人力资本差异、产业政策匹配与农村居民增收的多元动态机制研究”（24BJY148）、“健康不平等、公共卫生资源匹配度与阻断相对贫困代际传递的政策机制研究”（22BJL087）和国家民族事务委员会一般项目“农业新质生产力助推产业转型与民族地区现代化研究”（2024-GMB-030）等的资助。

作者

2024年12月

一

绪论

（一）研究述评

1. 马克思主义经典作家农村集体经济思想

西方国家推崇个体主义、自由主义，但也一直对集体、集体主义等集体思想进行探索。（1）西方早期集体主义思想。古希腊的《荷马史诗》就宣扬国家和民族至上的集体主义精神。柏拉图在《理想国》中进一步强调了爱国主义和集体主义精神。亚里士多德在《政治学》中重申全体公民的共同利益。甚至到文艺复兴时期，卢梭仍提出“个人须服从团体才能获得真正的自由”。这些探索对后来西方文化中集体主义思想的发展有着深远的影响，也直接影响当时青年的思想家马克思和恩格斯。（2）马克思和恩格斯本人的论述。西方早期集体主义思想既没有从根本上指出社会主义的真正集体实质，也没有进一步探讨集体主义的有效实现形式，只有马克思的集体主义思想才真正从人性的本质对集体主义的社会本质和有效形式进行深入探讨。马克思认为，人不仅具有自然属性，更具有社会属性。集体经济最早由马克思提出，体现在《巴枯宁〈国家制度和无政府状态〉》一书中。1894年，恩格斯在《法德农民问题》一书中第一次提出了集体经济的具体实现形式即合作社。实现集体中的个体价值，需要区分“真实的集体”与“虚假的集体”，“避免重新把‘社会’当作抽象的东西同个人对立起来”，“真实的集体”中的个人是一种真正的“存在”，“虚假的集体”中的个人是一种集体遮蔽下被异化的个体。（3）其他具有代表性与开创意义的农村合作经济思想。如以法国克劳德·昂利·圣西门、沙尔·傅立叶和英国的罗伯特·欧文为杰出代表的早期空想社会主义的农村合作经济组织思想，以约翰·俾勒斯和约瑟夫·朗吉为代表的社会改良主义学者的农村合作经济组织思想，还包括农村消费合作思想和基督教社会主义农村合作经济思想。一直对集体主义的实现形式进行探索，1844年英国成立世界第一个具有明确办社原则的合作社——罗虚代尔公平先锋社，19世纪50年代至60年代意大利、奥地利、匈牙利、比利时和俄国成立了信用合作社。总之，农村集体经济其实质是人类集体主义追求的实现形式之一，从马克思主义的经典概述到当代中国共产党人的理论求索，集体主义一直以其独特的价值和意义而成为永恒的主题。新型农村集体经济也正因为其极富集体主义追求的本质属性和理论渊源，而被赋予了更多的终极价值关怀和深层理论意义。

2. 西方经济学的农村集体经济的相关研究

国外学者对集体经济的研究更多的集中在合作经济或合作经济组织方面，也有部分学者对我国农民合作经济组织进行研究。（1）对合作经济的理论研究。亚当·斯密（Adam Smith）在《国民财富的性质和原因的研究》中对以分工为代表专门分析了各种合作经济的类型。托马斯·霍布斯（Thomas Hobbes，1985）在《利维坦》中指出应该建立一种能够保护人们安全的共同权力。随着资本主义的发展，尝试将合作经济理论纳入西方主流经济理论体系中。美国的萨皮诺（Sapiro）和艾德温·G.诺斯（Edwin G. Nourse）认为通过合作社的方式，农民能够顺利地进入市场，改善农民在市场中的地位。爱力佛（Emelianoff）构建了合作社理论框架。1945年恩卡（Enke）认为，生产者剩余和消费者剩余总额达到最大化时，创造的社会价值就达到了最大化。20世纪60年代，出现了包括产权理论、交易成本理论、委托代理理论和不完全契约理论以及集体行动的逻辑等新的分支。阿马蒂亚·森（Amartya Sen）的《集体选择与社会福利》、保罗·萨缪尔森（Paul A. Samuelson）的《经济学》、曼瑟尔·奥尔森（Mancur Olson）的《集体行动的逻辑》等分析了集体经济的性质。Fonte、Cucco（2017）对意大利，Ovchintseva（2020）对俄罗斯，Gezahegn等（2019）对埃塞俄比亚，分析了多功能和多利益攸关方的合作社作用。（2）对农民合作社的研究。随着社会的发展，市场的不断运行，国外出现了农民合作社。不同国家农民合作社的特点、发展趋势也各不同，共有三种农民合作社模式得到了国外学者的认同，包括以荷兰为代表的欧洲专业合作社，以美加为代表的跨区域合作社和以日韩为代表的综合农业合作社模式。Nowak等（2016）以波兰的合作社为例，Lucas等（2019）以法国农业机械合作社为例，指出地方农场间合作有助于使农业系统更加生态化。Ozalp（2019）根据土耳其西地中海地区农业合作社的损益表和资产负债表中的数据，分析合作经济发展中所面临的困难、问题和挑战。相关研究还包括注重整体性和系统性发展（Shpykuliak and Sakovska，2020），充分发挥合作社的优势（Debela et al.，2018）、着力降低合作社的成本（Pokharel and Featherstone，2019）。此外，集体行动能够促进农村产业发展（Takahashi et al.，2018）、促进农民增收（Sinyolo and

Mudhara，2018），有利于民主参与（Sargeson，2018）、家庭人均收入的增加（Pena et al.，2017），并获得对其土地的集体产权（Hall，2017）。（3）对我国农村集体经济的研究。农村集体经济作为我国公有制的重要构成部分，引起了国外学者的广泛关注。Nanson和Kelkka（1996）深入分析了河南的南街村、江苏的华西村等的乡村集体经济特点。斯蒂文·史密斯（Steven Smith，1993）认为，中国的乡镇企业和西方的合作企业在性质上具有一致之处，并探讨了其特殊性。Sin（2016）指出，中国加强农业用地的产权并允许其自由贸易，改革农村土地的自由分配制度（Kim and Lee，2017）。Anik等（2017）通过土地和土地保有制度改革巩固农场经营规模和土地租赁市场的平稳运行。可见，国外学者的相关研究为我国农村集体经济研究提供借鉴，但由于土地性质、土地制度等有所不同和研究目的、侧重点存在差异，对中国国情和区情了解的程度不深，理论基础还需要从中国的实践中总结。

3. 中国式农业农村现代化进程中的理论探索

探讨集体经济发展的重要意义、特征思路、内在属性以及发展路径，对其发展规律及其模式进行了深入研究。（1）农村集体经济的历史演进和规律总结。坚持发展农村集体经济是中国共产党一以贯之的理念。早在1931年党就提出了“农村集体经济”概念，《中华人民共和国宪法》（1954年）明确规定：“合作社所有制，即劳动群众集体所有制。”与传统的集体经济相比，新型农村集体经济的所有权更加明晰、成员主体更加清晰、组织治理更加民主、分配制度更加灵活以及组织制度已经出现“去行政化”的色彩。张应良等（2019）分别从产权清晰、产权激励、市场拓展、链条延长和特色发展等方面归纳了新型农村集体经济的特征。通过“农牧民+集体”的利益联结机制，激活村社集体的主体性，提升了农民的组织化程度。自新中国成立以来，农村集体经济经历了农业生产合作社、人民公社及家庭联产承包三个阶段，这也成为新型农村集体经济的典型特征（高鸣 等，2019）。仝志辉等（2018）从中国独特的土地制度和集体经济发展视角，梳理我国农村集体经济发展的四个阶段以及各阶段的形式与特征。（2）农村集体经济的作用机理和模式。孔祥智等（2017）归纳了农村集体经济发展三大模式，即工业化模式、后发优势模式、集腋成裘模式。根据资源的来源作为划分标准，概括为外生型、合作型和内生型农村集体经济发展模式（丁波，2020）。又可分为偏远村的特色产业型、城郊村的农旅融合型和城中村的服务创收型。郝文强等（2022）研究了浙江省桐乡市的案例，发现“抱团发展”是壮大农村集体经济的有效模式，进一步区分为自主经营模式、在地投资模式、飞地投资模式及平台经营模式。江宇（2022）考察了烟台市农村集体经济实现路径，发现党支部参与集体经济运营能促进集体经济的高水平发展。余丽娟（2021）通过剖析天津、山东和湖北若干农村集体经济发展的典型案例，总结提炼出政府扶持型、组织引领型、市场激励型等路径。（3）农村集体经济的发展困境和路径。当前农村集体经济发展处于“爬坡过坎”的关键阶段，呈现出依赖种养业和承包租赁、新产业新业态乏力、发展驱动因素多元化等特点。仍面临自身“造血”功能不足，带动引领农民共同富裕的作用相对有限（肖华堂 等，2022）。普遍存在缺乏统筹规划、产业发展困难、分红数额偏低且路径单一的问题（肖红波 等，2021），造成农户参与程度和积极性不高，使得农村集体资产大量闲置、使用率较低（梁昊，2016）。明晰的产权关系并未引起农村集体经济的蓬勃发展，资源资产折股量化到个人后，群众仍然处于有资产无增收的现状。村集体经济奖励异化为基层政府行政资源而引发了治理异化问题，将地方财政资源直接转化为村集体“经营性”利润而引发了发展效能不足的问题。需科学认识农村集体经济发展新的历史方位，健全新型农村集体经济组织的治理机制与经营机制，创新集体经济有效实现形式。通过科学设置集体土地权利使农民利益与土地联系起来。重塑“产权共有、治理共建、收益共享”的集体经济共同体（周立 等，2021）。（4）集体经济与乡村振兴、共同富裕等战略的关系。发展壮大新集体经济是产业兴旺的重要路径，有助于激发乡村振兴活力，筑牢兴村振兴基础。农业农村现代化和共同富裕目标的实现，客观要求进一步发挥集体经济优势。集体经济有利于盘活农村的集体资产（崔超，2021），也是走向“强、美、富”的重要经济形态（李韬 等，2021）。提高生产主体市场竞争力等方式对农民收入及其内在成分产生影响。只有巩固和完善农村基本经营制度等，乡村治理体系和治理能力现代化才能得以实现。从激发村治精英参与村政、动员村民参与公共事务管理、促进村庄制度创新和构建立体化公共服务等维度优化和提升村庄治理效果。总体而言，学界对农村集体经济的研究较为深入广泛，以马克思主义农业合作理论为理论基础的少，忽略了我国经济水平、社会制度和国情的差异，缺少对典型模式的深入分析，并未充分阐释新型农村集体经济如何驱动农民共同富裕的实现。

4. 内蒙古新型农村集体经济的相关研究

除基本理论分析之外，学界还试图从内蒙古案例中总结集体经济的实现路径。

（1）内蒙古农村地区的相关研究。内蒙古地广人稀，农民生活居住比较分散，生态脆弱、文化丰富且复杂（斯钦巴图，2021）。脆弱性人群居住在远离市场和城市中心的牧区或边境地区（李忠斌，2021）。近年来农村的基础设施建设、产业合作、人才支援、教育医疗等实现新突破（王沾云 等，2022）。从政府推动到鼓励社会力量进入（吴槐庆，2021），涌现出特色领域联合研发、科技园区辐射带动、多平台成果转化等典型经验（张莹 等，2022）。分析了收入分配和共同富裕之间的关系（薛继亮，2021）。时间序列数据建立VAR模型探究财政民生性支出对内蒙古共同富裕的贡献（马文美，2021）。（2）内蒙古新型农村集体经济的相关研究。深入调查了自治区70个农村地区固定观察点嘎查村2015—2018年集体经济发展情况（李佳富、马洋、阿乐达日喜，2020）。总结了阿荣旗农村集体经济组织审计工作的基本做法（张俊国，2013）。城川镇32个嘎查村（社区）打造“城川”区域品牌，展现三产融合和村村融合共进（张峰，2022）。内蒙古杭锦旗支部强带动产业兴村庄美（高平、王潇，2023）。龙头企业通过保护价格和利润返还来给加盟农民以补偿，使加盟农民能分享到部分加工增值和销售利润（盖志毅，2020）。（3）内蒙古新型农村集体经济发展路径研究。各盟市推动共同富裕的基础和条件不尽相同，政策也会有不同的侧重。对比分析了扎鲁特旗的“支部+基地+合作社+牧户”“合作社+托管所+贫困户”“企业+合作社+基地”等发展模式（徐亚婷，2020）。以兴安盟查干珠日和嘎查为调研对象，发现存在生产性基础设施建设薄弱，村集体经济薄弱，缺乏主导产业支撑等问题（乔婷、周佳丽、祁晓慧，2020）。未来，应增强村级集体经济“造血”功能，聚焦“活产业、活资产、活源头”，全力推进乡村振兴战略（朱彤、侯显峰、李昊，2023）。建立从事第二、第三产业龙头企业和从事第一产业加盟农民的共荣共赢关系。走好生态优先、绿色发展为导向的高质量发展新路（张学刚，2021）。加强对固边兴边富民政策的分类分区指导（周民良 等，2022）。结合政府政策的引导、鼓励、约束作用与市场作用的发挥，强化各种类型政策的协同配合（哈丽云 等，2019）。事实上，由于区位、历史、民族、文化、生态等影响，内蒙古农村地区尤其是农村集体经济依然是乡村振兴的重点和难点，但现有文献对新型农村集体经济与乡村振兴、共同富裕、现代化等的相互关系及之间的预测性、综合性的研究不多，也不能揭示出政策行动背后的逻辑机制与存在的问题。

5. 文献综述

综上所述，已有文献对新型农村集体经济发展的研究取得了一定的学术成果，及其与乡村振兴战略的关系等方面的研究也不断深入，为进一步深化研究奠定了基础，但既有研究尚未更具针对性地回答新型农村集体经济的发展路径，以及路径选择的深刻逻辑与机理，也未回答如何构建新型农村集体经济发展的动力机制，差异化的政策实践的研究也尚未充分体现。（1）跨学科的、综合的、系统的理论框架研究不够充分。新型农村集体经济涉及经济、政治、文化、社会和生态等多元因素，相关研究研究视角单一、缺乏系统性，未提出创新发展新型农村集体经济的战略构想，未来应基于新时代集体经济面临的新挑战和新机遇及复杂多变的国际环境，对内蒙古农村的新趋势做出理论回答，不断完善集体经济研究的学科群和跨学科研究体系，使跨学科、多角度、多层次的研究逐渐成为未来研究的方向。（2）内蒙古新型农村集体经济与乡村振兴、共同富裕、农业农村现代化匹配的预测性研究不足。虽然对集体经济发展与共同富裕的关系进行了简要阐述，但并未能从经验层面对村集体经济促进共同富裕的实际成效进行验证，缺乏具体的指标来衡量共同富裕的实际成效，尤其是鲜有“第二个一百年”目标下将地区振兴有效衔接共同富裕、农业农村现代化等战略，以及将演进逻辑、现实困境与重点任务等统一起来的研究，未充分预测未来的主要阶段呈现的新实践、新现象。（3）以农民可持续增收为导向的利益联结方式及内在机理研究薄弱。忽视了各利益主体之间的博弈均衡，没有清晰阐析集体经济如何影响农户行为、治理主体、治理民主及治理绩效的作用机制。如何协调农民股东与债权人的利益关系？农地资产如何处置？如何防范农民失地风险？学术界虽有多种观点，但缺乏深入论证，也没有建立起切实可行的实践机制。（4）内蒙古农村差异化发展路径的研究尚未充分体现。更多的通过对经验材料的描述和提炼来揭示新型农村集体经济所遇到的一般性问题，未适当兼顾区域特征等特殊性因素，对微观主体的驱动机理、典型模式的提炼、风险预警机制及优化措施的对比分析缺乏，缺乏对典型案例的深度剖析以及对调研数据的量化分析，忽视了不同阶段、不同地区、不同领域和不同部门的差异性政策影响。（5）政策激励进而促进内蒙古农村内生能力的研究短缺。自身发展能力不足是内蒙古农村面临的最主要的内源性制约因素，解决不平衡不充分问题靠政府“输血式”扶贫短期内有效，长期主要靠市场，但对市场机制的产业发展如何与人力资本水平匹配进而促进收入水平提升的问题关注不够。针对政府、社会与市场耦合的作用机制关注不足，不同类型政策的动态影响的方式、路径研究缺乏。

（二）思路与方法

1. 主要内容

基于“时间—空间—内容—阶层”视角，以“理论机理—事实判断—思路构建—效应分析—模式比较—政策举措”为主线，探究内蒙古新型农村集体经济发展趋势及其共同富裕背景下的目标要求，归纳提炼不同地域类型、不同空间尺度的演进规律及经验总结，明确政府、社会、市场的责任分工与作用边界，科学识别诊断长效扶贫产业的空间结构和支持政策。

第一部分，内蒙古新型农村集体经济发展的理论机理。研究思路：以经济学、社会学、统计学、人类学、民族学等多学科基础，挖掘马克思主义经济学、西方经济学共同富裕主张，梳理新时代习近平中国特色社会主义思想对内蒙古新型农村集体经济发展的导向。多阶段梳理集体经济发展对乡村振兴、共同富裕等战略推进的作用意义，多维度诠释了新发展阶段下深刻认识新型农村集体经济的内涵特征、社会福利的驱动因素与影响效应，深层次厘清新型农村集体经济发展的逻辑关系。

第二部分，内蒙古新型农村集体经济发展的事实判断。研究思路：构建影响集体经济发展的主体（乡村精英、农民）、客体（集体资源）、内容（集体产业和集体组织）、条件（市场、交通区位、外部扶持）等方面的指标体系，内蒙古自治区农村地区固定观察点的数据和随机抽样数据进行全面测度，对内蒙古新型农村集体经济及“空壳村”进行全面的摸底和事实判断，有效积累、经营情况、参与主体的积极性及新业态的发展情况，绘制空间序列图谱。深入剖析集体经济发展的约束、局限、存在的问题及原因，对不同区域、城乡和阶层的进行比较，明确集体经济发展的短板和弱项。

第三部分，内蒙古新型农村集体经济发展的思路构建。研究思路：综合考虑2035年基本实现社会主义现代化和基本实现农业农村现代化、2050年全面建成社会主义现代化国家和全面实现乡村振兴的时间节点，根据内蒙古新型农村集体经济规模不大、定位不明、质量不高等问题，提出更加明确的战略构想，包括发展目标、发展思路和重点任务，从结果导向出发构建共同富裕对集体经济发展影响的量化方法和框架体系及共同富裕导向集体经济发展的动态监测体系，明确未来政策作用的方向、领域与空间。

第四部分，内蒙古新型农村集体经济发展的效应分析。研究思路：遵循内蒙古新型农村集体经济发展的趋势和要求，客观分析了新型集体经济在市场经济中的抗风险能力，综合评价了新型农村集体经济发展的宏观效应、微观效应、集聚效应及防返贫效应，进一步增进农村社会中的公平正义。

第五部分，内蒙古新型农村集体经济发展的模式比较。研究思路：以内蒙古农村资源禀赋状况和社会经济水平为基础，按照新型农村集体经济的主体和动力差异分为内驱型、带动型、融合型等三种类型，并对集体经济共同体的运营特征与经营方式、组织架构、运作流程以及对共同富裕的影响等进行阐释。分析各模式的动力机制和行为特征，对不同模式适应特点、利弊性、选择成本、融资条件等进行比较，进而选取代表性案例，并结合农村集体非经营性资产运营管理探究实现形式，对不同模式的适应性研究再一次提升。

第六部分，内蒙古新型农村集体经济发展的政策举措。研究思路：设计财政补贴、转移支付、税收抵免、税前扣除等杠杆，仿真预测不同政策内容的激励效果，并明确产业防返贫政策的取消、巩固、拓展与衔接的范围，构建包括价值共享机制、利益联结机制、分层运营机制和组织协调机制等集体与个体互惠共生的运行机制。综合测度现有政策工具的性质、结构、功能与时效性，融合最新信息技术剖析未来优化政策工具的路径与方向，随机控制试验和政策自然实验方法揭示政策手段向契约型和互动型的演进轨迹。采用多元动态博弈模型分析相关政策主体和部门的经济行为，构建纵向协调为主、横向协调为辅，多层次多部门协同、多规划衔接的治理体系，融合自上而下、自下而上政策逻辑关系剖析未来改革的重点任务与探求解决办法。

2. 技术路线

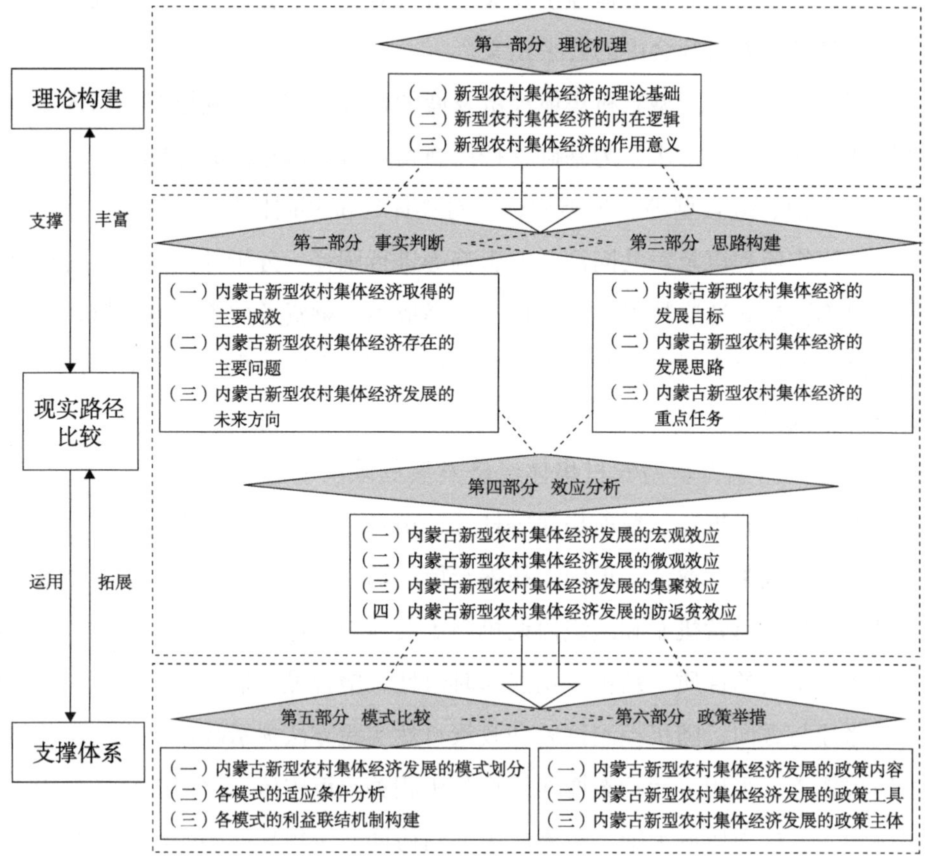

图1–1 研究思路

资料来源：作者绘制，以下同（注明引用说明的除外）。

3. 研究方法

（1）文献解读与规范分析相结合。利用CNKI、JSTOR、Springer等数据库系统梳理相关文献，全面了解掌握现有理论成果的既有观点，对其中一些重点难点问题进行剖析。结合涉及农村集体经济组织收益分配的政策性文件进行梳理、解读，分析集体经济政策效果。（2）历史分析和逻辑分析相结合。以自治区成立后农村经济发展的实践历程以及政策形成为线索，系统梳理不同阶段农村改革内容和发展效果，并探寻农村未来发展趋势。对当前新型农村集体经济的理论内涵、要素构成以及影响因素进行分析，通过严谨的理论逻辑分析探究实现路径。（3）理论分析与实证分析相结合。根据马克思主义经济学和西方经典理论，根据内蒙古农村的实际情况，构建本研究的基本理论框架，分析不同阶段新型农村集体经济所承担的功能。运用多分类Logit、有序Logit和倾向性得分匹配法PSM等实证测度集体经济水平及政策激励的传递路径。利用空间统计分析工具ArcGIS分析空间分布和聚集情况，利用互联网、大数据手段搭建信息系统平台。（4）田野调查与典型案例相结合。尽量全面收集信息资料的基础上重点调研了内蒙古农村地区，深度访谈和大样本田野调查以获取第一手数据。根据不同农民群体的实际情况，采用结构式、半结构或无结构访谈，对其了解的与研究主题相关的信息进行深入访谈。（5）比较分析与统计分析相结合。在纵向上比较不同发展模式的现状、不同阶段的特点，在横向上比较分析不同发展模式的优劣势、成效等，分析新型农村集体经济典型模式的发展和运行规律。使用描述性统计、模糊集定性方法对不同模式经济数据、条件要素间的关系进行分析验证。此外，所用数据资料来源渠道主要包括自治区农村地区固定观察点、实地调研资料、农牧部门数据、统计部门数据、政策文件等，收集整理获得大量一手资料，并将获取的一手资料贯穿整个研究之中。

（三）拟创新点

1. 学术思想上的创新

（1）将内蒙古乡村地区的发展纳入乡村振兴、乡村共同富裕与农业农村现代化的尺度进行多维度研究，从更为宽广的视角拓展农村新型集体经济的维度、深度和宽度。现有文献大多就集体经济论述集体经济，对促进共同富裕的实际成效等缺乏验证，未来发展的主要阶段呈现的新实践、新现象缺乏研究，本研究对未来农村价值转变与态势进行模拟预测，深化乡村振兴等战略对农村“要素—结构—功能”影响框架与新型农村集体经济发展的约束、局限与异质性，拓展多元主体逻辑关系与共生发展，据此深入挖掘出产业政策激励的领域与方向。

（2）综合测度新型农村集体经济发展的状况，深入挖掘存在的困境及原因，科学构建农村集体经济发展的目标、原则和战略体系。现有研究对内蒙古新型农村集体经济发展优劣势和未来发展方向分析不透，突出短板和存在问题还有待进一步细化和完善，本研究综合考虑2035年、2050年的时间节点，构建更加明确的战略构想，包括目标、思路和重点任务，进一步探索新型农村集体经济发展的机制，阐释和区分各种实现形式的构成要件、影响因素、目标、原则、路径。

（3）根据各地农村自身禀赋与发展条件的差异性，科学划分和归纳总结各种发展模式，并进行运行机制、投入成本、适应范围等的比较分析。既有部分研究虽提及了农村集体经济多种实现形式，但缺乏明确的、统一的划分依据，本部分以农村可持续发展和农民收入财富渠道扩宽等视角，科学分类新型农村集体经济发展模式，结合代表性案例进行对比分析总结，找出各模式一般规律及运行机理，详细分析各种实现形式中的具体经营方式、组织形式及其实际作用。

（4）揭示市场机制和政策调控协同下新型农村集体经济发展的内在机理，明确其发展的基础、渠道、阶段、环境及变化与局限，构建与各发展模式相适应的政策保障体系。深入剖析新型农村集体经济促进农民收入财富增长的“门槛值”、存在的问题及原因，明确“静态—动态”环境下利益联结机制的方向与侧重点，并进行不同区域、城乡和阶层的异质性分析，按城乡、区域、年龄、性别等提炼一般性与特殊性因素，并从资本、就业、消费等层面扩展可持续生计框架。

2. 创新观点上的创新

提炼出若干创新性的学术观点，重新审视集体经济发展的定位，使研究结果与社会事实更贴合。（1）内蒙古新型农村集体经济是社会主义公有制在农村的重要体现，兼具社会职能和经济职能，是推动农民实现共同富裕的重要经济形态，集体经济必须与共同富裕、农业农村现代化等紧密结合，并预测未来发展趋势。（2）内蒙古乡村振兴需要重视农民的主体性作用，农民理应是乡村振兴的参与者和受益者，集体与个体之间并不总是构成二元对立的关系，而是可以互惠共生的，关键在于构建一种分工协作体系。（3）内蒙古不同地区的农业农村发展差异较大，应该清醒地认识到并不是所有的乡村都适合发展乡村旅游，个体应结合自身优势选择合适自己的发展路径和模式，思考该路径是否适合当地以及本地是否具备实施该路径的前提条件。（4）市场机制条件下内蒙古新型农村集体经济的外溢作用范围是有限的，政策激励应在构建内源式整合和外源式嵌入相结合的基础上，充分重视和激活农村发展的内生动力，进一步拓宽农村农民增收致富渠道。

3. 研究方法上的创新

采用综合的研究方法，全方位和系统地深入挖掘研究对象的发展规律，更具概括性和推广性。（1）理论分析。结合涉及内蒙古新型农村集体经济组织收益分配的政策性文件进行梳理、解读，分析集体经济政策效果，对当前乡村振兴的理论内涵、要素构成以及影响因素进行理论分析，通过严谨的理论逻辑分析探究乡村振兴实现路径。（2）实证分析。模拟乡村振兴、共同富裕、农业农村现代化对内蒙古农村发展的影响、趋势与要求，模糊集定性比较方法对新型农村集体经济所需各项主要条件间的因果关系进行验证，构建理论模型并实证测度集体经济水平及政策激励的传递路径，分析不同阶段集体经济所承担的功能。（3）案例分析。深度访谈和大样本田野调查内蒙古农村以获取第一手数据。深入挖掘新型农村集体经济发展的路径，对“社会事实”的起因、过程及结果等整体全貌与具体细节作了细致描述，进而为理论解释与演绎提供充分的依据。（4）比较分析。在纵向上比较内蒙古农村新型集体经济不同模式的现状、不同阶段的特点，在横向上比较分析不同发展模式的优劣势、成效等，分析了新型农村集体经济典型模式的运行规律，分析政策机制与地区短板的适配性及动态路径。

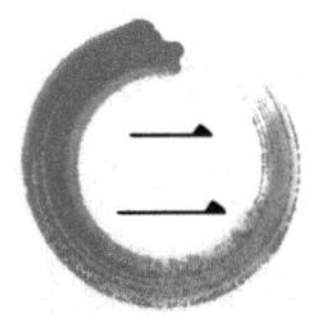

共同富裕背景下内蒙古农村新型集体经济的理论基础

农村集体经济是社会主义制度在农村的典型表现，新型农村集体经济不仅是经济组织，也涵盖劳动与资本、技术、管理等的联合。新中国成立后，农村历经初级社、高级社，最终建立人民公社体制，“政社合一”的人民公社制度解决了小农经济的分散化缺陷，提高了农村集体经济组织调动生产资料的能动性。分田到户以后，集体经济进入新的阶段，“新集体经济”普遍具有产权清晰、政经分开、定位准确、公平分配、管理民主等鲜明特征，更能体现市场经济条件下社会主义制度的本质要求，具有发展理念创新、实现形式创新与运行机制创新等特征。农村集体经济发展所涉及的各类组织或主体包括政府、市场、集体组织、其他市场主体及集体成员，不同组织或主体之间相互影响，按照一定的机制进行收益分配和提供公共服务等。内蒙古农村新型集体经济组织是公有制经济，又强调利用市场和资本力量作用，并注意防范和消减资本对农民利益的侵袭。

（一）新中国发展农村集体经济的历程

中国乡村正脱离千年来的固定形态向前所未有的新形态进行转变，乡土中国内在结构发生着整体性、系统性改变。（1）从农业生产来看。以农户为单位自给自足自我循环模式将彻底地被打破，农业生产所需要各种投入也要来自市场，农业生产的各个环节都将嵌入外部循环的产业链条中[①]。农业生产的资本投入水平、技术服务水平以及与市场的对接水平都不是单一农户能够完成的，经营风险也不是单一农户、更不是相对弱势的农牧民所能抵御的，仅仅依靠他们自身的能力难以实现富裕。（2）从农民层面来看。农业的生产结构、劳动力构成以及农业技术供给等都发生了重大变化，具备较高生产能力的农户从农业生产起步并向非农就业方向发展，“农三代”大多采取进城购房的形式直接定居于城镇，导致农村的“空心化”益发严重。随着户籍制度改革的深入和新型职业农民的全面入场，尤其是在规模化、数字化的冲击下，“农民”

①杨思远.从集体经济到新型集体经济：以河北省张家口市宣化区崞村镇水泉村为例[J].改革与战略，2022（3）：47-65.

将从一种身份转变为一种职业，也需经过系统的学习培养才能达到职业技能标准。以劳动力为主要投入要素的小农户生产已难以适应规模化经营的要求，规模化经营是当下农业生产的必须，新型集体经济正是在如此深刻变化背景下应运而生的①。（3）从农地层面来看。过去农地不仅作为生产要素参与农业生产，也为农户提供生存的各种基本保障。随着农业生产的市场化和农业产值占比的下降，在规模化与要素再配置的大趋势下，土地多重功能逐渐被单纯化与分化，只是作为生产要素参与农业生产和乡村更新。（4）从社会层面来看。现代社会的农村慢慢靠近商业文明，农村的社会结构由传统的“熟人社会”向“半熟人社会”甚至“陌生人社会”转变，社会治理结构由“自我治理”为主导转向深度行政化，乡村文化也由自然文化向兼具记忆与现代的符号文化发展②。新中国成立以来，以农村进行社会主义改造成立高级社为起点，农村集体经济经历了多种组织形式、发展机制变革，呈现出多种多样的演变轨迹和发展形态，其演进主要经历了如下几个阶段。

1. 建立集体经济组织的探索发展阶段：1956—1978年

经过土地改革获得了土地等最基本的生产资料，但细碎的耕地、落后的技术、贫乏的资料让农民难以靠自己发展起来。随后推行的合作化改善了生产条件、增加粮食产量，鼓励农民发展多种经营和多种产业，也顺应需求走上了集体经济发展道路。（1）各地人民公社成立后，“三级所有，队为基础”的体制建立后，集体经济组织稳定下来。1953年，中共中央提出党在过渡时期的总路线，作出《关于发展农业生产合作社的决议》。引导农民从劳动互助组发展为初级合作社，再从初级合作社发展为高级合作社，农村集体经济在这个时期从无到有，并体现了干部参加劳动、群众参加管理的社会主义基本原则，劳动智慧和劳动热情得到极大激发，不仅极大地促进了物质生产能力的提高，且极大地提高了劳动人民的思想精神境界。（2）土地所有制经历了从封建剥削的土地所有制到农民的土地所有制，再到集体所有制的转变，相应地从自给自足的分散经营到按劳分配为主、生产资料作价入股获得相应报酬，再到高级社定额计酬和按件计酬的变化。为在更高水平上进行农业合作，人民公社化运动的不断推进，农村的集体所有制逐渐转变为全民所有制，此阶段的分配制度则是供给制和按劳分配相结合。（3）发展农业生产，提高粮食产量。组织农民从改土治水积肥入手

① 魏建.新型集体经济促进农村共同富裕的机制与路径研究[J].当代世界社会主义问题，2022(3)：13-22.

② 刘守英，龙婷玉.城乡融合理论：阶段、特征与启示[J].经济学动态，2022(3)：21-34.

重视学习和推广先进农业技术，加强田间植保管理。开展多种经营，主动调整种植结构，既增加了集体和农民收入，又丰富了农民生活消费品，调动了农民参与集体生产的积极性。实行科学管理，在提倡党员带头奉献的同时，也通过科学管理和公平分配激发农民发展集体经济的内生动力。

2. 顺应家庭承包制改革的转型过渡阶段：1979—2011年

以包产到户为主要形式的家庭承包制改革迅速普及，从强调“各尽所能，按劳分配”到逐渐承认了包干到户、包产到户等多种形式的生产责任制的合法性。通过集体化实现了农业规模化、机械化、集约化经营，大部分农民已经在村办企业就业，农村市场化的深入发展促进了农业产业化经营和乡镇企业异军突起，但多数村庄集体经济不断弱化、集体资产和企业逐步改弱。2004年，国务院颁布《关于深化改革严格土地管理的决定》，规定农村建设用地可以依法流转。2006年国家取消了农业税，同年出台政策鼓励农民专业合作社的发展。（1）发挥集体统一经营优势。做到适合分到户的就分到户，适合集体统一经营的坚持继续由集体统一经营。口粮田实行民主定级、以级折亩，满足农民分田到户需求；劳力田确定上缴基数，实行统一耕种。水利设施继续由集体管理，统一使用和维护。农田水利等集体设施不因包产到户而被破坏，农业现代化进程不被中断。（2）推动村办企业继续发展。在原有村办集体企业的基础上继续创办新的村办集体企业，保持了集体经济持续发展壮大趋势。部分村办企业按照国家部署完成了改制和转型，走上了公司制企业发展道路。（3）不断调整农业产业结构。瞄准城乡居民需求，调整种植结构，扩展经济作物类型，推广新品种、新技术。按照产业化经营思路，发展农业产业链，提高产品附加值。

3. 新型农村集体经济的示范领路阶段：2012年至今

党的十八大以来，乡村振兴全面推进，农村发展正面临着新的选择，对集体收益分配权进行了不断探索。2014年，中共中央办公厅、国务院办公厅印发了《关于引导农村土地经营权有序流转发展农业适度规模经营的意见》。2015年，财政部印发的《扶持村级集体经济发展试点的指导意见》①。2016年，国家选择13个省份开展试点发展农村集体经济。（1）维护集体经济组织成员的集体收益分配权的权能。探索建立有

① 财政部关于印发《扶持村级集体经济发展试点的指导意见》的通知[EB/OL].（2016-03-28）. http://www.mof.gov.cn/zhengwuxinxi/caizhengwengao/wg2015/201511wg/201603/t20160328_1926829.html.

偿退出机制，为进城落户农民构建退出通道。完成了农村承包地“三权分置”和确权颁证、宅基地制度改革、农村集体产权制度改革等，迅速增加了集体经济收入和集体经济在村庄发展中的影响力。农村集体经济的法规政策变迁涉及亿万农民切身利益，党中央、国务院始终高度重视，体现了为人民服务的本色情怀。（2）创新党建引领集体经济和乡村产业发展机制。把党支部建在产业链上，发挥资源共享、模范带动作用，以组织振兴引领产业振兴。组织党员“传帮带”，开展技术培训、电商培训、品牌建设、质量监督等，创建农民转产转业示范基地，举办新型农民转型技能培训，不断夯实党建基础①。（3）各种类型的集体经济组织不断涌现，赋予农民更多财产权利。采取租赁、入股、合作等方式盘活村庄闲房闲地等“沉睡资产”，引入社会资本发展乡村特色农业和休闲旅游产业，打造集干部培训、农民培训、青少年研学等于一体的文旅产业基地。培育新型农业经营主体，尤其以专业大户、家庭农场和新型合作社居多，农业农村现代化成效显著，形成规模化和提高应对市场的能力②。此外，由于内蒙古各地农村条件差异性较大，所处地理位置不同、发展条件不同，每个集体经济村庄的产业内容不尽相同，每个集体村庄的具体产业由村集体自己来确定。

（二）新型集体经济发展的现实背景

新型集体经济是以市场经济为依托的现代经济组织形态，既是对原有集体产权的重新认识，也意味着集体经济新的实现形式，具有集体产权关系明确、生产资料和劳动成果共同占有以及集体成员边界清晰等显著特点。新型农村集体经济主要有集体统一经营、集体辅助经营和跨集体联合经营三种表现形式，集体统一经营的股份合作型通过合作社将农民联结起来，集体辅助经营的承包服务型在不改变集体所有权的条件下，将集体资源或资产承包合同进行出租，跨集体联合经营的混合所有型主要分为跨地区股份合作和跨所有制形式合作。

1. 乡村振兴战略深入实施带来新的发展机遇

“发展新型集体经济”首次出现于2016年12月中共中央、国务院出台的《关于稳步推进农村集体产权制度改革的意见》。党的十九大首次提出乡村振兴战略之际，壮

① 李人庆，芦千文.农村集体经济促进农民共同富裕的实现机制：基于山东即墨鳌角石村案例研究[J].当代经济管理，2022（11）：1-8.

② 赵意焕.农村集体经济的历史传承与时代创新：兼论列宁关于合作社不等于集体经济的理论[J].政治经济学研究，2022（1）：66-77.

大集体经济作为乡村振兴和共同富裕的重要举措。把振兴农村集体经济作为实施“乡村振兴战略”的基本路径和必然选择，强大的村社集体是乡村振兴战略有效实施的基础条件。随后《中共中央 国务院关于实施乡村振兴战略的意见》《乡村振兴战略规划（2018—2022年）》等要求“探索农村集体经济新的实现形式和运行机制”“发展新型农村集体经济”。2020年10月十九届五中全会再次明确，“十四五”时期要“深化农村集体产权制度改革，发展新型农村集体经济”。①2022年中央一号文件进一步强调，要“巩固提升农村集体产权制度改革成果，探索建立农村集体资产监督管理服务体系，探索新型农村集体经济发展路径”。党的二十大报告中提出，巩固和完善农村基本经营制度，发展新型农村集体经济，发展新型农业经营主体和社会化服务，发展农业适度规模经营②。2023年中央一号文件明确指出，要“探索建立兼顾国家、农村集体经济组织和农民利益的土地增值收益有效调节机制……多样化途径发展新型农村集体经济”。

为加强中央和自治区扶持发展壮大嘎查村级集体经济项目和资金管理，规范项目建设程序，提高资金使用效益，内蒙古自治区党委组织部等部门颁布了《关于扶持发展壮大嘎查村级集体经济的指导意见》（内组发〔2019〕4号），随后修订《内蒙古自治区扶持壮大嘎查村级集体经济项目和资金管理办法》（内财农规〔2021〕10号）。对新时代“三农”工作提出新思路、新要求，反映了内蒙古自治区对农村定位的再认识，对乡村价值的再重视，也充分说明内蒙古自治区对农村新型集体经济在乡村振兴和农村共同富裕中的重要作用有着全面系统的认识，新型农村集体经济为推进乡村振兴战略、促进农民共同富裕提供了现实方案。

2. 广大农民多元利益诉求的实现载体

农民有增加经济收入、抵御农业风险、提高市场竞争能力等多种利益诉求，新型集体经济组织是农民自身经济利益诉求实现的重要依托和载体，能使农民作为集体资产所有者、管理者、受益者的权益得到切实体现③。农民作为组织成员是集体经济的参与者、决定者，认同、配合和支持集体经济组织的发展，为集体经济组织的发展壮

①《中共中央关于制定国民经济和社会发展第十四个五年规划和2035年远景目标的建议》辅导读本[M].北京：人民出版社，2020.

② 习近平.高举中国特色社会主义伟大旗帜为全面建设社会主义现代化国家而团结奋斗：在中国共产党第二十次全国代表大会上的报告[M].北京：人民出版社，2022：22.

③ 张红宇.抓好农村重点改革任务[N].人民日报，2020-02-18（09）.

大做出的努力，同时也是集体经济的服务对象和受益者。农民和集体经济组织之间互惠互利的关系成为内生动力主体和源泉，由需求产生的有机体内部唤醒状态或紧张状态是激活有机体行为和活动的内部刺激力量，广大农民的经济利益诉求是新型集体经济发展的内生力量。发展壮大新型集体经济，是实现农民和现代农业发展有机衔接、解决农村相对贫困问题的有效保障①。新型集体经济发展水平与农民个人经济收入水平的正相关关系，户均集体经营性收入越高的地区，农民人均可支配收入越高，城乡居民收入差距指数越小②。此外，新型集体经济不仅担负着增加村级组织和广大农民经济效益的任务，还兼具为广大农民提供农村公共服务、基础设施建设、社会保障及维持社会稳定等多方面的社会责任，并直接决定着成员的福利水平和生活的幸福感、满意度，为其社会责任的实现奠定坚实的基础。

3. 化解个体农民与市场矛盾的现实需求

以家庭联产承包责任制为主的农村基本经营制度面临新的问题，包括农业市场规模不断扩大，普通农民难以适应大市场的要求和节奏，无法有效满足市场需求、承担市场风险；大量农业人口转移进入城市导致农村“空心化”严重，农民耕种土地的积极性明显下降；村级组织凝聚力下降，乡村文化建设停滞，社会治理问题凸显；农村集体经济迅速瓦解，农村公共事业发展举步维艰，加剧了城乡发展的不平衡性。等等问题皆表现为个体农民能力与市场进入门槛的不对等、农村规模经济与市场化生产方式的缺失现实困境对推动农民共同富裕构成严峻挑战，新型集体经济应运而生。（1）个体农民能力难以与市场准入门槛相匹配。承包责任制代表着以市场化为发展取向的农村改革，在充分保障生产资料所有权归农村集体所有的基础上，将农业经营权分散至农村个体农户手中，农村社会内部的经济活力不断得到释放，充分保障了农业农村现代化发展。但承包责任制在市场经济环境中严重缺乏发展后劲，“小生产”的弊病与社会化大生产之间的内在张力日益凸显，个体农民能力难以和市场准入门槛相匹配，无法承受高昂的市场交易成本，进而制约了农村整个社会生产力的提升。受个体农民有限生产力的束缚，个体农民经济能力处于盈亏平衡点之前，没有足够的预付

① 杨帅，刘亚慧，温铁军.探索解决相对贫困的长效机制加强对农村资源市场化开发利用[N].人民日报，2020-02-18(09).

② 孙梦洁，陈雪原.中国农村集体经济发展评价[C]//集体经济蓝皮书：中国农村集体经济发展报告2020.北京：社会科学文献出版社，2020.

资本承担前期成本[①]；小农式生产经营模式无法实现规模化与专业化，难以满足庞大的卖方市场需求。（2）农村规模经济与市场化生产方式的缺失。市场化是个体农民增收的重要路径，个体农民呈分散化与独立化生产经营，受市场势力的影响难以形成规模经济效应，难以与其他个体农民实现整合。上下游企业各个环节中形成垄断定价，个体农民均无法与上下游企业相媲美，无法形成强大的市场合力，造成个体农民应对市场风险能力严重不足。已从个体农民间的竞争博弈延伸至农产品产业链竞争，更多地需要促进上下游环节的系统协调。个体农民在生产经营中难以延伸农业产业链条，无法形成市场化与规模化的生产方式。

4. 新型农村集体经济发展的范式转变

农业农村现代化是中国式现代化的重要方面，实现农业现代化的关键是发展范式的创新或转变，范式的创新主要涉及紧密联系的三个方面：由非农带动转向农业农村优先发展；由追求农业剩余范式转向品质加附加值模式；农村发展土地和劳动力转向科技和人力资本等现代要素。

（1）由非农发展的带动转向农业农村优先发展。发展经济学界存在两种相对立的刘易斯与舒尔茨范式，刘易斯认为传统农业部门存在着无限的劳动供给，工业部门只要提供略高于农业部门的工资便可得到源源不断的劳动力供给，农业在剩余劳动力流出后劳动生产率得以提高，直到“刘易斯转折点”。舒尔茨改造传统农业理论的基本思想与刘易斯针锋相对，认为传统农业的症结不在于生产要素的配置缺乏效率，而在于既无引入新的生产要素的供给也无引入新的生产要素需求的低水平均衡，需把传统农业改造成高生产率的现代化农业。

中国农业农村发展实践将这两个范式创造性地有机地衔接了起来，先是推进工业化转移农业剩余劳动力，如今需要转向直面改造传统农业，明确以改造传统农业使之成为现代农业为目标。工业化为主要特征的非农化迅猛发展，对农业农村发展的带动作用非常明显，包括以非农化带动农业发展、以城镇化带动农村发展、以农村劳动力转移带动农民富裕。但非农发展的涓滴效应是不可持续的，没有从根本上改变农业农村的弱势地位，非农和农业、城市和乡村的差距不是缩小而是进一步扩大。一是农业中能够转移出的剩余劳动力已非常有限，进入需工业部门支持农业技术进步的转折

① 李天姿，王宏波，杨建科. 新型集体经济在欠发达地区农村现代化建设中的作用[J]. 理论月刊，2017（3）：135-140.

点，非农部门对农村劳动力的需求也在下降。二是共同富裕要大幅度提高农民收入，目前农民收入偏低与传统农业中的人力资本存量不高是相一致的，需传统农业得到根本的改造并实现现代化。

缺少现代要素支撑不能从根本上改变农业生产方式和农村的落后状态，这就要求农业农村优先发展、农业高质高效、乡村宜居宜业和美、农民富裕富足，即农业发展范式由依赖非农化的外溢发展范式转向自主性内生发展范式。内生增长理论突出以技术进步出发解释经济增长的源泉以及由此产生的经济增长效应，强调人力资本积累是经济增长的源泉。

（2）由追求“剩余范式”转向“品质加附加值范式”。农业的演变过程分解为三个阶段，即主要解决生计问题的农业、多样化或混合型的家庭农业和现代化农业。我国长期以农业为基础是建立在农业发展“剩余范式”上，开启现代化新征程后“剩余范式”作用也已经达峰，农业技术进步和制度变革是以增加农业剩余为目标。一是从供给侧分析，“剩余范式”只是在提高农民劳动生产率的基础上提高产量，资本要素生产率、技术要素生产率并没有因此而明显提高。农业技术水平和生产方式没有得到根本改造，农产品品种单调、品质不高、市场价值不高，农产品产业链太短因此附加值低，农民生产经营分散难以直接从流通市场获益。二是从需求侧分析，“剩余范式”的农产品主要是满足居民温饱需求的初级产品，难以满足美好生活的需要，包括对健康饮食、食品安全和卫生的需要，同时也关注农产品的品质和品种。

农业现代化新征程不仅是把传统农业改造成高生产率的现代化农业，而是要改变发展范式，即由数量型转向质量型的“品质加附加值范式”。一是已有的农村发展市场经济的理论基本上停留在“剩余范式”上，按“品质加附加值范式”发展农村市场经济，农业要在保障国家粮食安全的前提下，未来应满足居民消费需求升级的农产品价格。二是现代农业的基本途径是科技创新，机械创新成果的应用让更多的农民从土地上转移出来，改变“面朝黄土背朝天”的辛苦劳作；生物创新培育出优良品种、改进农产品品质，运用物联网、大数据等现代数字技术与生物技术创新结合发展智慧农业。三是农业全产业链中提高附加值，农产品由提供初级农产品转向最终农产品，促进农产品附加值在全产业链中的提升。农业劳动生产率提高还取决于经济主体的市场参与，就是在扩大农业社会分工中增加农产品附加值，还包括根据居民消费升级需要形成农产品创新链。

（3）人力资本成为农业发展的基本要素。进入“品质加附加值范式”发展阶段的农业发展要素将会出现根本性的更新。工业化和城市化从农业和农村吸纳的发展要素主要是土地和劳动力，由此消化了大批从农业转移出的剩余劳动力，提高了农业边际生产力。农业人力资本的非农化，留下来的是低人力资本含量的劳动力。“刘易斯转折点”开始了工业支持农业技术进步的转折点，这个过程正是舒尔茨（1991）改造传统农业思想所强调的，而把资本和技术结合进现代农业的是人力资本。传统农业内部得不到现代投入根本原因是缺乏人力资本，现代投入是由人力资本传导的，“把人力资本作为农业经济增长的主要源泉”。

仅对留在农业中的农民进行投资是远远不够的，农业现代化更为需要的是有较高人力资本的知识型农民，除了教育和医疗等途径，还有城市人力资本向农村迁徙的途径，在农业中形成与现代农业技术相适应的人力资本结构。“品质加附加值范式”后，小农户达不到规模经济效应，也难以适应现代科技条件下的农业品质和绿色技术革命的要求。农业现代化所需的人力资本载体主要是知识型劳动者和农业企业家，解决谁来经营现代农业的重要问题。企业家是高层次的人力资本，重塑农业经营主体的实质是企业家经营农业。资本是生产要素的黏合剂，需要资本把以企业家及知识型职业农民为载体的人力资本黏合到农业和农村[①]。

5. 经济转型对集体经济发展提出了更高要求

农村集体经济是社会主义市场经济的重要组成部分，面临新的发展环境。（1）经济转型使农业生产方式发生改变，由主要依靠物质要素投入转到依靠科技创新和提高劳动者素质上来，以提高土地产出率、资源利用率和劳动生产率。一是全球经济增速放缓，中国经济发展进入新常态，供给侧改革、产业结构调整对农村集体经济发展提出更高要求。二是农村生产力获得进一步释放，城镇化水平不断提高，更有利于集体经济充分利用外部资金、人才和理念发展壮大农村集体经济。（2）产权改革为集体经济发展注入新动力。农村集体产权制度改革是“三农”领域的重大改革，对于增强集体经济发展活力、引领农民实现共同富裕具有重要意义。全面开展集体经营性资产股份合作制改革，推动资源变资产、资金变股金、农牧民变股东，为农村集体经济发展注入新动力。（3）生态建设对集体经济发展提出新要求。农村集体经济的发展与壮大离不开生态文明建设，一些农村的环境和生态问题比较突出。发展新型集体经济务

① 洪银兴，杨玉珍.现代化新征程中农业发展范式的创新：兼论中国发展经济学的创新研究[J].管理世界，2023（5）：1-10.

必处理好生态环境保护和经济发展之间的关系，决不能走“先污染后治理”的老路、“守着绿水青山苦熬”的穷路及“以牺牲生态环境为代价换取一时一地经济增长”的歪路。

（三）新型农村集体经济的内涵界定

新型农村集体经济是在农村地域范围内，“归属清晰、权责明确”的现代产权制度下，以农民为主体形成的具有明晰的产权关系、清晰的成员边界、合理的治理机制和利益分享机制，实行按劳分配与按生产要素分配相结合的经济形态。以成员自愿合作与联合为原则，通过劳动者的劳动或资本联合实现共同发展的一种组织经济形态①。实现形式既包括农村集体产权制度改革，以村集体为单位开展生产经营活动的社会主义劳动群众集体所有制经济②，包括基于私有产权形成的合作制和股份合作制经济，也包括以土地流转为中心的规模化种养或农旅结合类产业，以及公有产权和私有产权联合的混合型集体经济③。2021年《民法典》从法律上明确了农村集体经济组织法人为特别法人，为其进行市场活动提供法律保障。可见，与传统农村集体经济相区别，新型农村集体经济的“新”主要体现在组织理念、组织形式、分配方式以及运行机制等方面。

1. 新的产权关系：集体产权关系明晰

集体产权关系明晰是新型集体经济最为核心的特征，农村集体资产包括资源性资产、经营性资产和非经营性资产等三类。权利主体在新修正的《土地承包法》框架下行使各自的权利义务，明晰了资源性资产的集体产权关系。将农村集体经营性资产以股份或者份额形式量化到本集体成员，集体成员对所持有的股份享有占有、收益、有偿退出及抵押、担保、继承等权利。传统的农村集体经济实行生产资料集体所有制，产权关系模糊，任何成员不得单独行使所有权，也无权分割集体资产④。新型农村集

① 苑鹏，刘同山.发展农村新型集体经济的路径和政策建议：基于我国部分村庄的调查[J].毛泽东邓小平理论研究，2016(10)：23-28，91.

② 宗成峰，李明.党建引领新型农村集体经济发展：基本逻辑、现实困境与实践进路[J].理论视野，2020(9)：81-85.

③ 陈全功.新型农村集体经济形成的动力主体与路径解析[J].改革与战略，2021(3)：85-93.

④ 赵德起，沈秋彤.我国农村集体经济“产权—市场化—规模化—现代化”发展机制及实现路径[J].经济学家，2021(3)：112-120.

体经济以股份形式将集体产权量化至具体成员，入股后资产仍归个人所有，在退社时可自由带走，仅交由集体统一经营。新型集体经济改革解决了集体产权不清晰、主体地位不明确等现实问题，实现了“政经分离、权责明晰”，集体成员权以经济通约性更强的股权形式体现出来①。制度变迁总是源于制度需求，制度变迁交织着社会成员选择内部规则和政府选择外部规则的双重演化路径②。20世纪80年代，东南沿海地区进入大规模引进外资的城市化、工业化时期，农村集体经济不得不进行改制。20世纪90年代，创造了“社区股份合作社”等新型农村集体经济的雏形。新型农村集体经济是乡镇企业希望提高资源利用率和市场竞争力，而进行的集体产权制度改革探索③。2010年中央一号文件提出，鼓励有条件的地方开展农村集体产权制度改革试点；2014年11月中共中央、国务院审议通过《积极发展农民股份合作赋予农民对集体资产股份权能改革试点方案》；2016年底，中共中央、国务院印发《关于稳步推进农村集体产权制度改革的意见》，新型农村集体经济组织随之在全国农村范围内广泛建立④。当前，农村集体产权制度改革阶段性任务基本完成。

2. 新的组织形式：股份合作制

股份合作制是新型集体经济最为普遍的实现形式，股份合作旨在形成一种适应市场经济要求的集体资产新的运行规则，包括土地股份合作、社区股份合作和多元要素股份合作三种。土地股份合作是指农户将土地经营权入股，又可进一步分为单纯的土地经营权折价入股和土地入股为主同时吸收资金、技术等生产要素共同参股等形式；社区股份合作是指将经营性资产以股权的形式组建股份合作组织，体现成员集体所有和其特有的社区性，股东们基本平均持股不允许持大股；多元要素股份合作是指以各类资金、富余劳动力、闲置集体资产等生产要素入股自愿组建的各类股份合作社，需要“能人”牵头以实现要素整合。马克思和恩格斯指出，“生产力本身必然是集体力，合作能给合作主体带来超过成本的净收益”“合作社的实现形式除了生产合作外，还有合作工厂、合作贸易、合作农业和股份公司等”。新型农村集体经济以股份合作制为纽带，集体与成员之间的产权边界、分配关系以股份形式固化，集体资产通过股份

① 魏建.新型集体经济促进农村共同富裕的机制与路径研究[J].当代世界社会主义问题，2022(3)：13-22.

② 邓宏图.转轨期中国制度变迁的演进论解释：以民营经济的演化过程为例[J].中国社会科学，2004(5)：130-140，208.

③ 黄少安.关于制度变迁的三个假说及其验证[J].中国社会科学，2000(4)：37-49，205.

④ 孔祥智，魏广成.组织重构：乡村振兴的行动保障[J].华南师范大学学报（社会科学版），2021(5)：108-122，207.

形式量化到每一位成员，农民获得更充分的财产权利。

3. 新的分配方式：按生产要素分配

农村集体经济主要是劳动者的劳动联合，新型集体经济不仅包括劳动者的劳动联合，还包括劳动与资本、技术、管理等联合。传统农村集体经济的经营收益是在组织成员之间进行平均分配，新型农村集体经济采取按劳分配和按股分配相结合的分配方式。新型农村集体经济依托农村经济合作社、农村股份经济合作社等农村经济合作组织建立起来的，兼具社区性和市场性的经济形态①，按股分红是农户参与新型集体经济收益分配的基本方式。无论是资源型资产还是经营性资产，都具有商品属性的生产要素，农户依据所占份额或股份参与分配，农民群众更加关心集体资产的运营状况和发展前景。新型农村集体经济以土地集体所有制为基础，土地集体所有制贯穿农村集体经济发展全过程。乡、村、组三级集体之间的地位是平等的，“大集体”与“小集体”的土地权利在制度上受到同等对待。以原乡、村、组集体作为基本单元，摸清资产家底、明确产权归属、确认成员身份、建立健全组织等，夯实新型农村集体经济组织的制度基础②。农村土地“三权分置”改革的推进，土地集体所有制的实现形式更加多元，以土地集体所有制为基础的新型农村集体经济不断发展壮大③。

4. 新的治理结构：参照和借鉴法人治理结构

传统集体经济在就分配方式、监管机制、决策流程等方面缺乏规范性，集体资产流失风险与内部控制风险增加，新型农村集体经济解决了分配、监管和决策机制不规范的问题，涉及权力运行与监督的制度规范更加明确，也使得成员与集体间的利益联结更加紧密，有效推动了乡村治理体系和治理能力现代化水平的提高。传统的农村集体经济带有显著的政经合一色彩，经营决策和经营活动依据集体统一计划进行，新型农村集体经济是诱致性制度变迁与强制性制度变迁共同型塑的结果，按照现代产权制度要求形成的共同发展的经济形态④。新型农村集体经济以市场为导向调适产业结构

① 张新文，杜永康.共同富裕目标下新型农村集体经济发展：现状、困境及进路[J].华中农业大学学报（社会科学版），2023（2）：23-33.

② 高强，孔祥智.拓宽农村集体经济发展路径的探索与实践：基于四川彭州小鱼洞镇“联营联建”模式的案例分析[J].东岳论丛，2020（9）：162-171，192.

③ 郑淋议，钱文荣，洪名勇，等.中国为什么要坚持土地集体所有制：基于产权与治权的分析[J].经济学家，2020（5）：109-118.

④ 张晓山.发展新型农村集体经济[J].农业经济与管理，2023（1）：1-4.

和生产经营，重大决策由成员以“一人一票”的形式民主决定，参照但又不完全等同于公司法人治理结构。农民以生产要素入股组建股份合作社，股份合作社借鉴现代企业法人治理结构成立股东（社员）大会、理事会和监事会。股东（社员）大会是最高权力机构，理事会是股东（社员）大会的常设机构，监事会是监督机构，代表股东（社员）对理事会进行监督。组织治理结构更完善，兼具乡村治理效益，呈现出国家逻辑、宗族逻辑、市场逻辑、公司逻辑等多元逻辑融合状态[①]。

（四）新型农村集体经济的基本特征

1. 传统集体经济的基本特征

（1）功能：传统农村集体经济不仅包括经济生产职能，也包括社会治理、社会保障等系列职能。新型农村集体经济以集体经济收入最大化为组织理念，但家庭承包经营制催生了市场化小农[②]。新型农村集体经济以农民增收为目标、以经济发展为组织理念而出现的农业适度规模化经营形态，新型农村集体的经济功能不断强化，增强了村集体发展的内生动力。（2）组织：传统农村集体经济以地缘为纽带而形成的所属地成员共同体，所有集体成员可以平等地享受集体福利。新型农村集体经济是建立在农村集体产权制度改革基础之上，以合作社为主要形式的股份合作经济[③]。农户与集体的产权边界相对明晰，实现了资本、土地、劳动等的自愿联合，更加重视集体与农民之间的股份合作。（3）分配：传统农村集体经济主要采取统一分配，但高度统一管理和监督的不足易出现分配不均问题。传统农村集体经济贯彻集体主义原则，新型农村集体经济则是将按劳分配与按要素分配相结合，有效保障集体成员的基本权益和充分发挥集体成员的监督权[④]。（4）运行：传统农村集体经济的所有权与经营权是高度统一的，集体中的所有成员均由集体统一分配劳动任务。新型农村集体经济典型特征就是“三权分置”，即所有权归集体、承包权归农民、经营权归土地经营者，经营权

① 张言庆，马波.新型集体化乡村旅游：内在逻辑、现实困境与实践路径[J].青岛大学学报（社会科学版），2023（1）：135-145.

② 杨思远.从集体经济到新型集体经济：以河北省张家口市宣化区崞村镇水泉村为例[J].改革与战略，2022（3）：47-65.

③ 宗成峰，李明.党建引领新型农村集体经济发展：基本逻辑、现实困境与实践进路[J].理论视野，2020（9）：81-85.

④ 朱有志.中国新型农村集体经济研究[M].长沙：湖南人民出版社，2013：150-151.

可以在集体内部及流转给集体外的成员和组织①。能有效促进农村各要素的合理配置，提升农业生产效率。

表2–1　全国农地确权情况

项目	2014年	2015年	2016年	2017年	2018年
县（市、区）及开发区（个）	1 988	2 323	2 582	2 747	2 838
乡镇（万个）	1.3	2.4	3.0	3.3	3.4
行政村（万个）	19.5	38.5	51.2	53.0	55.0
确权面积（千公顷）	12 666.7	21 333.3	56 666.7	77267.0	98 666.7

数据来源：《中国农业年鉴》（2015—2019年）。

注：由于2018年底农地确权登记颁证工作基本完成，此后的数据与2018年一致。

2. 传统集体经济与新型农村集体经济的共同点

（1）地域性。集体经济或乡村产业是发生在乡村地区，依托乡村自然环境、农业资源、乡风民俗、特产美食等资源，面向城市居民提供的一种业态和产品②。集体经济需要与乡村地区所特有的正式和非正式制度环境相适应，是一种以一定地域边界、身份认同和集体产权为基础为全体村民所共享的社会经济。非正式制度指乡村地区以血缘、地缘等情感纽带联结的乡土熟人社会和农业村落共同体，以农户家庭为农业生产单元的半封闭性农业生产与交易系统③。集体经济催生出农户、外来企业、政府等内外部多元主体间的交易与合作，地理边界模糊且不断外扩、社会关系日益复杂且不断变动、商业利益纵横交织且日渐强势，非正式制度在维持乡村社会秩序和进行乡村治理中的作用有不断式微的趋势和被正式制度替代。

（2）黏连性。集体经济资源开发不单以平面化的土地资源为主，而是以多样化、立体化的生态资源为物质基础，这些资源具有结构性黏连特征，难以分割成单一资源或要素进行市场交易④。生态资源为社会行动者创造出持久的收入流，需要对其投入大量持久的社会集体行动才能实现。浸润着特定风土人情和地域文脉的整体性村落景

① 刘冠军，惠建国. 中国农村集体经济的实现形式与创新发展[J]. 甘肃社会科学，2021（3）：189-196.

② 马光亭. 现代时间制度：理解非遗项目生产的一个角度：以青岛田横祭海节为例[J]. 西南民族大学学报（人文社会科学版），2020（10）：39-47.

③ 郭占锋，李轶星，张森，等. 村庄市场共同体的形成与农村社区治理转型：基于陕西袁家村的考察[J]. 中国农村观察，2021（1）：68-84.

④ 温铁军，罗士轩，马黎. 资源特征、财政杠杆与新型集体经济重构[J]. 西南大学学报（社会科学版），2021（1）：52-61，226.

观等，乡村人文吸引物也存在资源要素的结构性黏连特征。无论从自然特征、产权安排还是经营管理层面，都是相对完整的资源开发单位，需要由拥有集体所有权的集体经济组织实施集中统一开发，实现村落内多种资源的整体性、系统性开发和增值。

3. 传统集体经济与新型农村集体经济的不同点

（1）公益性。国家为集体资产的保值增值提供了良好的政策制度保障，进一步彰显新型农村集体经济公益性的新内涵。新型农村集体经济锻炼农村基层组织的动员组织能力，也显著增加农村集体收入，人才振兴、文化振兴、生态振兴、组织振兴便有了可以实施的支点[①]。传统农村集体经济主要目标是解决农民的温饱问题，没有更多的收益投资农村公益设施和基本公共服务。新型农村集体经济已有一定的实力投资农村公益设施和基本公共服务，全国集体经济组织数量和资产均显著增加。2021年，全国已建立乡、村、组三级集体经济组织近90万个，清查核实集体账面资产高达7.7万亿元，其中经营性资产为3.5万亿元[②]。村级集体经济组织用于村级公益设施和公共服务占总收入的16.24%，并随着新型农村集体经济发展壮大将进一步提升[③]。计划经济时代农村只有集体所有制经济一种成分，能确保收益更好地用于农民，新型农村集体经济组织积极入股农村其他性质市场主体，增强在农村其他市场主体中的话语权和影响力，引导积极投资农村公益设施和基本公共服务。

（2）高效率性。传统农村集体经济是在生产力发展水平相对较低、农业资源不足等情况下产生和发展的，而新型农村集体经济为适应高质量发展主题进行的实践创新，呈现高效率性。一是产权结构不同。传统农村集体经济产权结构单一，农民个人产权缺位，收益的分享存在平均主义，不利于彰显高效率性。新型农村集体经济以份额或股份等形式对集体成员所拥有的权益进行量化，实现了集体产权和农民个人产权的结合。二是经济体制不同。传统农村集体经济采用计划经济体制下集体化的经营方式，有利于发挥社会主义制度集中力量办大事的优势，但不利于吸引各类优质资源流向集体经济发展。新型农村集体经济强调发挥市场作用，充分利用市场作用实现生产、加工、销售等的规模化发展，显著提升了新型农村集体经济发展效率。三是分配导向不同。传统农村集体经济注重收益的积累性，对于分配强调不够。新型农村集体

---

① 王立胜，张弛.新型农村集体经济：中国乡村的新变革[J].文化纵横，2021（12）：41-53，158.

② 保障农业农村优先发展[N].经济日报，2022-01-21（11）.

③ 陈健.新发展阶段新型农村集体经济促进农民共同富裕研究[J].马克思主义研究，2022（12）：54-64.

经济的收益注重分配给农民，提高农民参与集体经济发展的动力，把集体经济收益用于改善农民生产生活环境，很好地调动了农民参与集体经济的积极性，有利于提高新型农村集体经济的效率。

（3）多样性。新型农村集体经济是以适应市场经济为核心特征，通过财产联合或者劳动联合进行共同经营的经济组织，因而无论哪种产业、哪个环节或怎样的组织结构和经营方式，只要符合新型农村集体经济的本质都可以将其看成新型农村集体经济的不同形态。一是经营方式。传统农村集体经济在生产、流通、分配等各个环节由集体统一经营，经营方式单一、灵活性不足等问题，新型农村集体经济是市场型的新型农村集体经济组织形态，其强调市场经济中优胜劣汰，同时鼓励农民以土地经营权、劳动力等入股，实现收益由农民共享。二是治理主体。传统农村集体经济组织采用“政社合一”组织形态，经营事务之间权责不明晰，容易造成集体资产运营中的不规范、不透明、不合理等问题。而新型农村集体经济能够有效发挥村“两委”作用，并通过生产合作社、集体所有制公司等进行市场化运营，有利于形成集体经济发展合力，集体资产运营相对规范和科学。致富经验丰富的先富农牧民担任新型农村集体经济组织的管理者或负责人，能发挥好致富的示范引领作用，调动农民群众积极参与①。

（4）市场性。传统的农村集体经济实行“村企合一”的发展模式，契合当时计划经济体制对集体经济组织的职能需求。基于集体产权制度改革，新型农村集体经济从“集体化”走向了“市场化”，与市场主体合作经营，吸纳和整合内外部要素，激活发展动力。按照市场需求科学配置农村生产要素，以市场价格为调节实现资源的市场交换和有效配置，市场化程度越高也意味着可能产生更多的收益②。有效参与市场竞争，增强自身“造血”能力，提高人力资源素质与专业化水平。但农村发展必须充分重视农民的主体性，新型集体经济依赖农牧民的主动创造、积极实践和农民自身的智慧和力量。在引入外部资本与人才参与农业农村发展的过程中，新型集体经济组织能够有效保证农民的主体性地位，农民的切身利益得到充分保障，使新型集体经济的发展获得正向的反馈机制③。

（5）动态性。伴随着制度的变迁，新型农村集体经济组织性质显著变化。一是从地缘性向人合性转变。农村人口结构、经济结构、社会结构和空间布局等发生变化，

① 陈健.新发展阶段新型农村集体经济促进农民共同富裕研究[J].马克思主义研究，2022（12）：54-64.

② 孙晓婷，郑军，朱鹏.村集体经济现代化水平测度与障碍因子诊断[J].江西农业学报，2022（11）：168-174.

③ 王立胜，张弛.新型农村集体经济：中国乡村的新变革[J].文化纵横，2021（12）：41-53，158.

新型集体经济组织地域范围与行政区划高度重合的形态发生改变，部分农村集体经济组织由地缘性组织向人合性组织转变。二是从封闭性向开放性转变。随着城乡融合发展机制的不断完善，农村集体产权的封闭性逐渐被打破，一些农村创新探索股权有偿退出机制，一些农村吸纳乡贤等为集体经济成员，一些农村出资组建有限责任公司、股份有限公司或其他经济组织。三是从多维功能向“单一”职能转变。传统农村集体经济肩负经济发展、社会治理、公共服务等多种功能，新型农村集体经济逐渐回归经济治理职能，公益性负担明显减轻①。

4. 新型农村集体经济、家庭农场、龙头企业的比较

较当前家庭分散经营而言，新型集体经济、家庭农场和龙头企业均能提高农村要素聚合效率和控制能力，是促进乡村生产力发展的重要力量。但不同的经营模式有着不同的要素聚合和控制主体，对应不同的风险承担者和利润分享者。

（1）不同经营模式的要素聚合和控制主体。新型集体经济由基层组织引导农民以土地等集体资产入股形成产权共同体，强调与现代市场经济相适应的实现形式，以合作成员利润最大化为目标，其中农村基层组织是要素聚合和控制主体，合作成员共同承担利益与风险分配。家庭农场以农户家庭为单位，自主经营、自负盈亏，以家庭成员为劳动力、以农业收入为主要来源的农业经营单位，农户既是要素聚合和控制的主体也是利润与风险承担者。龙头企业指企业通过与农户合作实行农产品生产、加工、销售一体化经营形式，一般通过租用农户土地或对农户生产的农产品进行收购，产业链中占绝大利润的农产品附加值由企业占有，企业承担主要经营风险。

（2）不同经营模式的要素聚合效率。家庭农场和龙头企业相对于家庭分散经营，更能提升农村要素聚合效率，但相对于新型集体经济而言，要素聚合效率的提高低于新型农村集体经济。家庭农场和龙头企业通过租赁农民土地实现一定规模土地的集中，但受高交易成本和双方相互信任度低的影响，土地流转效率偏低而聚合的土地规模偏小，受农业高风险影响，家庭农场和龙头企业也无意愿聚集过多的土地资源。新型集体经济与农民交易成本低且双方相互信任，可将村内愿意流转的土地资源进行全部聚合，农民以土地生产资料入股形成共同体。围绕村办合作社发展多产业结构，并给返乡建设农村的精英提供施展抱负的平台。

---

① 曾恒源，高强.新型农村集体经济促进农民共同富裕：理论逻辑、制度优势与实践路向[J].农业经济管理，2023（2）：1-9.

（3）不同经营模式的要素控制能力。家庭农场和龙头企业对农村要素控制能力的提升是短期的，新型集体经济可培育农村内在能力长期提高要素利用水平。家庭农场受资金以及自身能力限制，聚集要素基本用于第一产业；企业发展模式依赖龙头企业的存在，难以形成农村内在力量；新型集体经济充分盘活农村资源，通过内在动力激活将要素留在农村并吸引更多的外部要素流入农村。家庭农场和龙头企业的要素聚合和控制主体是私人力量，也决定投入资本以服务于自身利益最大化为目标，难以考虑农村生态、社会责任以及文化公共品提供。新型集体经济的资本积聚是建立在农民联合基础上的，不以个人利益为目标，而是以追求长期利益、组织成员整体利益为目标，集体组织以长期利润最大化将资本应用于农村生产条件改善①。

表2-2　不同经营模式对比分析

	家庭农场	龙头企业	新型农村集体经济
要素聚合和控制主体	农户	企业	农村基层组织
利润占有与风险承担	农户	企业	集体组织成员
要素聚合效率	较当前家庭分散经营提高 较新型农村集体经济偏低		高
要素控制能力	较当前家庭分散经营提高 较新型农村集体经济偏低且短暂		高
农村发展状态	物质财富短期有限提升 精神财富、生态财富难以提升		均衡扩张 持续扩张

资料来源：王利云.乡村振兴的实践逻辑、理论逻辑和实现路径：发展新型农村集体经济的研究[D].上海：上海财经大学，2021：131-133.

（五）新型农村集体经济的现实价值

1. 新型农村集体经济是巩固党在农村执政基础的重要保障

发展新型农村集体经济的过程是展示社会主义公有制制度优势的过程，也是提升基层党组织号召力、凝聚力的过程，是巩固党在农村执政基础的重要保障。有了运行规范的集体经济组织能更好地把党员和群众有效组织起来，更好地激发群众参与乡村振兴的热情，巩固党在农村的执政根基②。新型农村集体经济在巩固和发展集体所有

① 王利云.乡村振兴的实践逻辑、理论逻辑和实现路径：发展新型农村集体经济的研究[D].上海：上海财经大学，2021：131-133.

② 新王宾，杨霞.新时期发展新型农村集体经济的思考[J].中国发展观察，2023（2）：65-67.

制的经济基础上，承担了大量的农村基本公共服务开支，为加快城乡融合发展、全面建成农村小康社会作出了重大贡献，在实现农民对美好生活的期待、扎实推动农村共同富裕及农村现代化建设等发挥着举足轻重的作用[①]。村级组织日益陷入严重的运转危机，并且弱化村庄凝聚力和治理权威。集体经济意味着村级组织掌握了对资源的控制权力，能激活村庄凝聚力，也能获得村民的认可，有效防止了基层治理体系的瓦解，维持基层组织灵活机动的动员能力。

2. 新型农村集体经济是农牧民对美好生活期待的物质基础

随着农村经济社会的发展，人们对美好生活的需求也日益提高，这些基本的生存发展权利都离不开坚实的物质基础。归根结底要靠不断解放和发展生产力，需要推动经济社会的持续健康和高质量发展，壮大农村集体经济是扎实推进农村共同富裕的必由之路。由于城乡社会生产力水平的巨大差异性，大力鼓励和支持农村集体组织参与创办农村新产业、新业态，为农民提供充分的就业机会、多样化的社会化服务，能有效遏制农村的两极分化，还可为农民实现共同富裕作出新的贡献。随着农村集体经济和民营经济的不断壮大，农民不仅可以从集体经济发展中获得分红，且依托农村集体生产资料取得的经营性收入为乡村提供充裕的资金来源，提升农民的获得感、幸福感和安全感。

3. 新型农村集体经济发展是加快乡村建设的重要保障

集体经济收益以成员分配为主、兼顾扶弱济困，为农村公共设施建设和公共服务提供财力物力支持，为生产生活有困难的成员提供有针对性的帮助。通过集体收益分配可以增加农民财产性收入，通过把农民组织起来共同发展，提高抵御风险的能力，加快把小农户引入现代农业发展的轨道。集体充分盘活未发包到户土地、撂荒地，促进农业适度规模经营。利用组织服务优势在农户与经营主体之间精准牵线搭桥，畅通城乡要素流动，更有效地与新型农业经营主体和下乡工商资本开展合作。只有通过集体经济的发展壮大，乡村振兴的战略目标才能有所依托，农村共同富裕和农业农村现代化的实现才能具有坚实的物质基础。只有村级集体经济强大，城乡居民收入差距才

① 王世泰，谈育明.农村集体经济发展与农民共同富裕：关键要义、逻辑分析及现实进路[J].现代经济探讨，2023（3）：21-28.

能进一步缩小，为推进城乡共同富裕创造条件[①]。

4. 新型农村集体经济是乡村新内生发展的需要

目前，乡村产业实际经营主体主要有农户、村集体经济组织（常由村委会代理）和企业，且呈现出随业态转型升级不断演化的趋势[②]。农户或村委会是最主要的经营主体，但农户往往缺乏相关资本和经验，村集体经营管理理念落后且管理水平较低，会造成集体经济整体效益较低、转型升级乏力。拥有资金、人才、信息、管理和技术等优势要素的社会资本逐渐参与到乡村发展当中，外来资本主导下的乡村开发易发生农民利益被边缘化，乡村传统文化被“异化”或“涵化”。新时期乡村集体经济发展需要超越内生与外生模式，构建能够充分发掘和最大化地方资源价值、有效利用外部资源的新内生发展模式，以股份合作制为代表的新型集体化模式契合乡村新内生发展需要[③]。外来企业以现金、设备、技术等入股，村集体以集体留用的耕地、荒地、公共设施等经营性资产入股，村民以承包地、宅基地和其他物资等入股，多元参与有效整合乡村内外资源并保障各方利益[④]。

5. 新型农村集体经济是补齐公共服务短板的有效途径

快速城镇化导致村庄人、财、物外流，村庄建设面临农牧民的组织化困境，虽然国家通过大量财政资源投入使得乡村建设获得了巨大进步，但国家资源无法实现覆盖、个体农户也没有能力提供，村庄仍然面临公共品供给不足的困境。新型农村集体经济有效弥补政府力量的缺失，补齐欠发达地区的公共服务短板。新型农村集体经济不断建设农村水利、道路、电力、饮水等农村公共基础设施，较好地引进、传播最新的农业科技成果，提高欠发达地区农业机械水平。发挥灵活性作用，设计针对性社会保障内容，阻断欠发达地区贫困的“代际遗传”，织密民生兜底保障安全网[⑤]。集体经济是村级公共财力可以相对自主地支配，以满足村庄内部琐碎的、即时性的、非正式

① 罗志勇.农村集体经济推进农民共同富裕的价值意蕴与路径研究：以江浙地区农村集体经济发展实践为例[J].观察与思考，2022（11）：71-79.

② 陆林，李天宇，任以胜，等.乡村旅游业态：内涵、类型与机理[J].华中师范大学学报（自然科学版），2022（1）：62-72，82.

③ 王德刚，孙平.农民股份制新型集体经济模式研究：基于乡村旅游典型案例的剖析[J].山东大学学报（哲学社会科学版），2021（1）：142-151.

④ 张言庆，马波.新型集体化乡村旅游：内在逻辑、现实困境与实践路径[J].青岛大学学报（社会科学版），2023（1）：135-145.

⑤ 邵彦敏，崔震.欠发达地区新型农村集体经济发展模式研究[J].宁夏党校学报，2022（3）：112-118.

的资金需求，因而更加契合村民需求[①]。

6. 新型农村集体经济顺应了生产力与市场经济发展需要

科技革命提高了农业生产力水平，农民素质也迅速提高，劳动能力比之前有大幅度增强。新型农村集体经济较好地适应了生产力的变化，以家庭为单位的农户组织起来，使先进生产技术在农村的引进、推广、普及更为高效。集体经济组织主动寻找合适的技术供给方进行对接，减少技术供给方与农户直接对接造成的各种摩擦；有利于整合农村内部和外部的人力资源，有利于资本积累和资本集中，村民的职业选择更为多样。以小农户为单位难以在市场中获得与其他市场主体对等的地位，新型农村集体经济组织有能力更好地应对市场变化，既能够坚持土地集体所有制不变，又能形成规范的市场主体，保护普通农民在参与市场经济时的利益[②]。通过资源变资产、资金变股金、农民变股民，激活乡村资源要素，使产业链与生态链"同频共振"[③]。

7. 新型农村集体经济顺应农村社会基础的变化和传统文化因素

新型农村集体经济也包括社会和文化方面的发展，农民基本生活得到充分保障，激发了积极参与新型集体经济的热情，使村组织获得很强的向心力，重新夯实了农村的社会基础；新型集体经济的内在基因与传统文化基因存在共鸣，有效减少了沟通和管理成本，并积极吸引企业家、党政干部、专家学者、技能人才等返乡创业[④]。

---

① 夏冬，夏柱智.乡村振兴背景下农村集体经济的类型界定与治理效应[J].北京工业大学学报（社会科学版），2023：1-10.

② 王立胜，张弛.新型农村集体经济：中国乡村的新变革[J].文化纵横，2021（12）：41-53，158.

③ 邵彦敏，崔震.欠发达地区新型农村集体经济发展模式研究[J].宁夏党校学报，2022（3）：112-118.

④ 同①.

共同富裕背景下内蒙古农村新型集体经济的事实判断

党的十八大以来，农村集体产权制度改革由点及面开展，各地新型农村集体经济呈现“多点开花”。2020年，内蒙古村集体经济组织数为11 043个，同比增长105.15%，占全国相应指标的比重为2.08%，同比提高了0.78个百分点。财政投入对重构村集体经济起到了杠杆作用，为村集体经济“破壳”重建提供了“第一桶金”。但仍有超过45%的村集体组织经营收益为零或小于5万元，年收益超过50万元的村集体占比不到9%[①]。但新型农村集体经济发展模式仍处于不断探索之中，村集体经济发展总体水平仍然不高，但大多数村需要财政转移支付、各级补助保证行政事务的正常运转，且不平衡不充分问题较为突出。农村集体经济薄弱的乡村，没有找准适应本村发展的产业支撑，再加上“等、靠、要”老思维、老方法，缺乏发展的内生动力；发展模式较为单一，仍以传统的田地、房屋、农机出租模式为主，产业化、规模化生产程度不高。

表3–1　2013—2020年中国各地区村集体经济组织数的基本情况

单位：个

地区	2013年	2014年	2015年	2016年	2017年	2018年	2019年	2020年
全国	247 774	246 173	243 761	237 590	233 389	293 355	413 370	531 553
北京	3 985	3 967	3 962	3 945	3 945	3 943	3 944	3 927
天津	511	332	340	221	858	1 075	2 797	3 628
河北	20 249	14 896	14 419	14 265	14 284	14 386	35 216	48 987
山西	10 067	9 061	8 855	9 150	8 867	12 070	16 434	25 684
内蒙古	1 817	1 732	17	103	165	370	5 383	11 043
辽宁	3 240	3 131	3 134	3 148	3 226	3 768	11 264	12 397
吉林	516	734	669	747	614	798	959	9 375
黑龙江	4 266	4 312	4 389	4 246	4 241	4 826	8 980	10 086
上海	108	810	1 434	1 596	1 619	1 621	1 617	1 653
江苏	10 702	10 401	10 747	10 767	10 338	11 452	13 313	17 673

① 高鸣，李祯然，雷泽.人才支撑新型农村集体经济：模式探索、现实困境与优化路径[J].农业现代化研究，2022(4)：568-577.

续 表

地区	2013年	2014年	2015年	2016年	2017年	2018年	2019年	2020年
浙江	29 801	29 331	29 423	29 039	29 004	27 551	23 300	23 167
安徽	2 798	2 775	2 721	2 545	2 864	7 385	13 479	16 234
福建	3 764	3 825	3 846	3 713	3 695	3 753	12 964	14 683
江西	4 772	4 651	4 760	4 868	4 952	5 137	3 211	17 708
山东	32 369	33 637	33 904	34 831	27 926	67 401	80 443	85 505
河南	11 350	11 044	11 616	11 665	12 621	15 427	40 157	49 003
湖北	9 428	9 473	9 199	9 147	8 907	9 209	12 472	23 726
湖南	11 808	11 312	11 153	6 944	6 518	6 809	15 714	26 085
广东	22 298	22 298	22 639	22 639	22 639	23 235	23 057	14 377
广西	6 601	6 718	6 784	6 628	7 219	8 211	8 938	15 093
海南	2 561	2 561	2 561	2 239	2 433	2 464	2 306	2 396
重庆	1 946	1 892	1 731	1 930	1 891	2 250	4 991	9 028
四川	28 454	28 381	28 070	28 364	29 309	29 698	31 645	26 536
贵州	5 850	8 108	8 088	8 610	8 408	8 320	13 900	16 031
云南	1 388	1 290	1 328	1 212	1 316	1 520	2 737	7 145
陕西	6 952	8 749	7 041	4 367	5 498	11 282	15 684	18 106
甘肃	4 108	4 078	4 230	4 182	3 558	2 667	2 701	11 957
青海	2 592	2 525	2 528	2 491	2 575	2 751	2 879	4 153
宁夏	183	175	132	132	168	418	1 760	2 218
新疆	3 290	3 974	4 041	3 856	3 731	3 558	393	3 217

资料来源：《中国农村合作经济统计年报》《中国农村政策与改革统计年报》等的历年数据。以下同。

表3-2　2013—2021年中国各地区汇总村民小组的基本情况

单位：个

地区	2013年	2014年	2015年	2016年	2017年	2018年	2019年	2020年	2021年
全国	4 972 222	4 952 436	4 954 579	4 937 993	4 930 114	4 906 001	4 838 482	447 944	4 525 068
北京	17 373	17 155	16 975	14 591	14 093	12 553	10 555	0	10 195
天津	21 932	20 185	20 213	20 446	19 956	20 544	13 256	0	14 415
河北	217 979	216 949	218 903	219 644	219 348	218 296	212 488	59	204 085
山西	84 626	84 771	84 501	84 241	83 721	82 945	80 128	20 062	65 778
内蒙古	58 502	57 911	58 976	59 103	58 902	58 910	59 228	246	58 146
辽宁	93 173	93 286	93 300	93 540	93 428	93 262	92 677	67	88 847
吉林	62 065	62 145	62 133	62 104	62 049	62 252	62 380	10 910	61 653

续 表

地区	2013年	2014年	2015年	2016年	2017年	2018年	2019年	2020年	2021年
黑龙江	61 768	61 766	62 509	62 398	61 331	61 133	59 721	3	57 242
上海	23 402	22 929	22 832	22 707	22 483	22 456	0	0	22 113
江苏	272 623	272 111	273 240	273 132	273 611	274 972	273 220	96	254 450
浙江	323 558	322 049	323 030	322 679	322 971	322 417	320 562	0	303 147
安徽	312 988	312 739	311 470	309 055	310 744	306 848	305 637	2	290 685
福建	161 979	161 793	161 568	161 435	161 600	161 391	161 430	67	158 464
江西	200 015	201 555	201 613	199 356	202 396	197 611	196 099	2 322	190 660
山东	331 054	330 617	329 510	328 741	327 388	324 511	321 000	1 582	291 319
河南	407 685	406 558	406 988	405 593	404 089	404 012	396 868	144	396 966
湖北	209 866	209 623	209 637	209 088	208 207	207 631	207 631	105	193 867
湖南	475 131	474 412	473 683	466 917	460 223	460 772	458 627	9 819	429 561
广东	229 707	231 784	233 530	233 944	233 813	233 215	233 078	132 399	233 316
广西	285 027	267 982	270 105	270 278	269 199	264 343	263 261	1 270	255 915
海南	25 323	25 323	25 323	25 323	24 941	25 128	25 946	20 655	25 125
重庆	75 252	77 555	76 770	77 036	77 046	77 440	76 130	76 287	74 778
四川	383 502	382 214	381 681	381 940	381 620	381 312	373 564	99 893	227 401
贵州	172 270	173 574	171 895	172 536	174 233	168 758	168 098	4 970	160 504
云南	167 396	167 572	167 722	167 764	167 846	168 493	168 717	62 400	168 696
陕西	138 708	138 434	136 406	133 934	133 091	132 960	133 146	3 888	126 528
甘肃	96 214	96 251	96 868	96 904	96 653	97 298	96 806	52	94 290
青海	16 943	17 057	17 051	17 209	17 267	17 231	17 202	11	16 124
宁夏	14 727	14 576	14 534	14 582	14 662	14 695	14 574	0	14 373
新疆	31 434	31 560	31 613	31 773	33 203	32 612	32 856	37	32 828

（一）集体产权制度改革下的新型农村集体经济

1. 带动农民增收致富成效凸显

基本构建了归属清晰、权能完整、流转顺畅、保护严格的农村集体产权制度，为集体经济发展提供了制度保障。新型农村集体经济已初步具备带动农民共同富裕的能力，相对薄弱村庄“造血”质量也迅速提升。立足资源禀赋和区域优势，通过探索发展资源开发型、资产经营型、产业配套型、为农服务型、电商创业型、联合经营型、能人领办型等模式，积极盘活村集体各类资产资源，带动农民增收的效应显著增强[①]。增收渠道拓宽，发展效果明显，干部精神状态好、氛围浓、后劲足。充分利用资产资源优势，千方百计寻找发展项目，着力培育集体经济发展增长点，村组织实力显著增强，村集体经济不断增收。2021年，全国村集体经济组织总收入66 849 141.6万元，同比增长5.8%。内蒙古集体经济组织总收入577 638.4万元，占全国比重的0.86%。

2. 农村集体产权改革加快覆盖

组织成立了领导机构及工作机构，制定集体资产清产核资工作方案，全面摸清了村集体家底，稳步推进农村集体产权制度改革奠定坚实的基础。各地探索实行村级财务委托代理记账模式，健全了村级财务账目，将集体资产按照经营性、非经营性和资源性进行分类登记，推动了村集体三资管理的信息化、制度化和规范化。做到了资产成员双清，界定了集体经济组织成员，保证了群众对集体资产运营管理的知情权、参与权和监督权，增进了干群之间的信任与和谐。基本实现管理功能分离，明确村集体经济组织在管理集体资产、开发集体资源、发展集体经济、服务集体成员等方面的职能作用[②]。2021年，内蒙古农村产权流转交易市场当年经营总收入37.6万元，农户承包土地经营权当年流转交易面积55 127亩。

① 李成桃.青海省海西州农牧区深化集体产权制度改革助力乡村振兴实践分析[J].当代农村财经，2022(12)：54-56.

② 同①.

表3-3　中国村集体经济组织收益分配情况（一）

单位：万元，%

	2013年			2014年			2015年			2016年			2017年		
	总额	占总比	同比	总额	占总比	同比	总额	占总比	同比	总额	占总比	同比	总额	占总比	同比
一、总收入	38 719 219.04	100	8.27	40 058 344.19	100	3.46	40 995 432.6	100	2.3	42 568 132.5	100	3.8	46 275 984.2	100	8.7
1.经营收入	14 118 023.32	36.46	3.31	14 053 806.01	35.08	−0.45	14 258 165.6	34.8	1.5	14 170 122.6	33.3	−0.6	14 946 886.3	32.3	5.5
2.发包及上交收入	7 357 333.207	19	5.07	7 334 045.28	18.31	−0.32	7 476 645.8	18.2	1.9	7 530 366.2	17.7	0.7	8 003 675.5	17.3	6.3
3.投资收益	1 113 206.518	2.88	13.16	1 259 965.982	3.1	13.18	1 202 976.6	3	−4.5	1 320 068.7	3.1	9.7	1 406 502	3	6.5
4.补助收入	6 925 231.207	17.89	17.32	7 756 747.016	19.36	12.01	8 666 827.6	21.1	11.7	9 830 735.3	23.1	13.4	11 298 374.2	24.4	14.9
5.其他收入	9 205 424.782	23.7	12.18	9 653 779.909	24.1	4.87	9 390 817.0	22.9	−2.7	9 716 839.7	22.8	3.5	10 620 546.2	23	9.3
二、总支出	26 673 196.83	100	8.13	26 864 665.37	100	0.72	26 828 491.6	100	−0.1	27 989 036.4	100	4.3	30 407 333.3	100	8.6
1.经营支出	9 369 628.646	35.13	2.86	8 643 884.842	32.18	−7.75	8 216 656.4	30.6	−4.9	7 959 493.3	28.4	−3.1	8 172 136.7	26.9	2.7
2.管理费用	7 381 217.124	27.67	5.21	7 665 315.597	28.53	3.85	8 063 648.2	30.1	5.2	8 731 568.3	31.2	8.3	9 598 103.8	31.6	9.9
其中： （1）干部报酬	2 664 984.984	9.99	6.04	2 912 815.439	38	9.3	3 234 288.1	40.1	11	3 570 127.3	12.8	10.4	3 983 076.2	13.1	11.6
（2）报刊费	139 571.988 1	0.52	−2.84	139 043.709	1.81	−0.38	138 857.4	1.7	−0.1	139 710.9	0.5	0.6	143 641.6	0.5	2.8
3.其他支出	9 922 351.064	37.20	16.14	10 555 464.93	39.29	6.38	10 548 187.0	39.3	−0.1	11 297 974.8	40.4	7.1	12 637 092.8	41.6	11.9
三、本年收益	12 046 022.15	—	8.60	13 193 678.82	—	9.53	14 166 940.9	—	7.4	14 579 096.1	—	2.9	15 868 650.9	—	8.8
四、年初未分配收益	2 299 685.286	—	23.75	3 213 100.518	—	39.72	2 941 090.3	—	−8.5	3 435 815.7	—	16.8	4 109 783.2	—	19.6
五、其他转入	923 176.457 5	—	−0.39	1 041 864.433	—	12.86	1 161 893.8	—	11.5	1 290 786.6	—	11.1	1 487 532.4	—	15.2
六、可分配收益	15 268 883.9	100	10.03	17 448 643.77	100	14.28	18 269 925.1	100	4.7	19 305 698.4	100	5.7	21 465 966.4	100	11.2
1.提取公积金、公益金	3 654 399.315	23.93	3.98	4 309 412.812	24.7	17.92	4 341 979.6	23.8	0.8	4 472 979.3	23.2	3	4 750 560	22.1	6.2
2.提取应付福利费	2 553 839.28	16.73	7.44	2 665 696.68	15.28	4.38	2 733 117.5	15	2.5	2 936 336.9	15.2	7.4	3 252 100.4	15.2	10.8

续 表

	2013年			2014年			2015年			2016年			2017年		
	总额	占总比	同比	总额	占总比	同比	总额	占总比	同比	总额	占总比	同比	总额	占总比	同比
3.外来投资分利	134 658.229 3	0.88	−33.625 003 23	135 618.362 9	0.78	0.71	142 092.4	0.8	4.8	122 330.7	0.6	−13.9	125 293	0.6	2.4
4.农户分配	4 494 109.445	29.43	12.019 475 69	4 939 572.718	28.31	9.91	5 256 158.9	28.8	6.4	5 675 995.7	29.4	8	6 137 332.3	28.6	8.1
5.其他分配	695 438.329	4.55	−0.070 425 359	702 109.779 5	4.02	0.96	710 480.7	3.9	1.2	792 274.9	4.1	11.5	889 242.8	4.1	12.2
七、年末未分配收益	3 736 429.346	—	21.529 641 85	4 696 233.421		25.69	5 086 095.9		8.3	5 305 781	27.5	4.3	6 311 437.9	29.4	19
八、附报															
1.汇入本表村数（个）	587 038	100	−0.292 479 109	584 372	100	−0.45	579 545	100	−0.8	558 553	100	−3.6	563 225	100	0.8
（1）当年无经营收益的村	319 657	54.45	2.730 089 15	323 069	55.28	1.07	310 664	53.6	−3.8	287 400	51.5	−7.5	261 747	46.5	−8.9
（2）当年有经营收益的村	267 381	45.55	−3.680 502 021	261 303	44.72	−2.27	268 881	46.4	2.9	271 153	48.5	0.8	301 478	53.5	11.2
① 5 万元以下的村	136 742	—	−9.355 341 222	126 805	21.7	−7.27	131 421	22.7	3.6	130 801	23.4	−0.5	136 642	24.3	4.5
② 5 万 ~ 10 万元的村	52 876	—	1.209 708 292	52 644	9	−0.44	55 618	9.6	5.7	57 027	10.2	2.5	66 003	11.7	15.7
③ 10 万 ~ 50 万元的村	49 192	—	2.877 697 842	51 781	8.9	5.26	51 535	8.9	−0.5	52 162	9.3	1.2	61 856	11	18.6
④ 50 万 ~ 100 万元的村	12 677	—	8.647 583 133	13 369	2.3	5.46	13 256	2.3	−0.9	13 627	2.4	2.8	15 879	2.8	16.5
⑤ 100 万元以上的村	15 894	—	5.854 145 854	16 704	2.9	5.1	17 051	2.9	2.1	17 536	3.1	2.8	21 098	3.7	20.3
2.当年扩大再生产支出	1 340 190.69	—	22.863 012 74	1 487 799.584	—	11.01	1 469 671.4	—	−1.2	1 449 244.2	—	−1.4	1 606 664.2	—	10.9
3.当年公益性基础设施建设投入	8 754 728.524	—	11.264 457 1	9 398 560.093	—	7.35	10 314 329.2	100	9.7	12 146 958	100	17.8	12 215 515.8	100	0.6
其中：各级财政投入	4 926 596.503	—	17.188 781 15	5 570 439.414	—	13.07	6 519 685.0	63.2	17	7 360 673.6	60.6	12.9	7 906 234.9	64.7	7.4

续 表

	2013年			2014年			2015年			2016年			2017年		
	总额	占总比	同比	总额	占总比	同比	总额	占总比	同比	总额	占总比	同比	总额	占总比	同比
其中：获得一事一议奖补资金	2 325 779.124	—	6.31	2 292 948.68	—	−1.41	2 307 610.1	35.4	0.6	2 289 112.1	18.9	−0.8	2 122 440	17.4	−7.3
4.当年村组织支付的公共服务费用	1 213 466.424	—	2.85	1 289 660.497	—	6.28	1 275 369.3	—	−1.1	1 472 994.8	—	15.5	1 691 651.5	—	14.8
5.农村集体建设用地出租出让宗数（宗）	195 35 9	—	−68.35	189 126	—	−3.19	240 814	—	27.3	172 587	—	−28.3	146 073	—	−15.4
6.农村集体建设用地出租出让面积（亩）	197.416	—	25.72	2 228 844	—	12.9	3 209 721	—	44	2 534 059	—	−21.1	1 754 677	—	−30.8
7.农村集体建设用地出租出让的收入	2 943 743.728	—	9.94	2 570 148.759	—	−12.69	4 342 949.6	—	69	2 330 731.6	—	−46.3	2 694 544	—	15.6

表3–4　中国村集体经济组织收益分配情况（二）

单位：万元，%

	2018年			2019年			2020年			2021年		
	总额	占总比	同比	总额	占总比	同比	总额	占总比	同比	总额	占总比	同比
一、总收入	49 120 039.3	100	6.1	56 833 876.6	100	15.7	63 202 281.5	100	11.2	66 849 141.6	100	5.8
1.经营收入	15 878 388.9	32.3	6.2	17 706 055.4	31.2	11.5	19 358 256.3	30.6	9.3	24 093 254.0	36	24.5
2.发包及上交收入	8 078 208	16.4	0.9	8 690 466.6	15.3	7.6	9 454 788.4	15	8.8	8 611 261.9	12.9	–8.9
3.投资收益	1 513 397.4	3.1	7.6	2 007 683.6	3.5	32.7	2 580 074.6	4.1	28.5	2 941 815.3	44	14.0
4.补助收入	12 469 295.3	25.4	10.4	14 887 646.1	26.2	19.4	17 313 441.9	27.4	16.3	16 147 078.6	24.2	–6.7
5.其他收入	11 180 749.5	22.8	5.3	13 542 024.8	23.8	21.1	14 495 720.3	22.9	7	15 055 731.8	22.5	3.9
二、总支出	32 204 562.2	100	5.9	36 628 592.8	100	13.7	41 824 236	100	14.2	44 588 149.4	100	6.6
1.经营支出	8 223 441.4	25.5	0.6	8 297 785.9	22.7	0.9	8 197 808	19.6	–1.2	9 930 642.2	22.3	21.1
2.管理费用	10 272 539	31.9	7.0	11 510 774.5	31.4	12.1	13 786 169.2	33	19.8	13 688 504.5	30.7	–0.7
其中：（1）干部报酬	4 154 478.9	12.9	4.3	4 490 340.8	12.3	8.1	4 515 468	10.8	0.6	4 265 932.0	9.6	–5.5
（2）报刊费	142 002	0.4	–1.1	142 218.1	0.4	0.2	144 197	0.3	1.4	144 551.2	0.3	0.2
3.其他支出	13 708 581.8	42.6	8.5	16 820 032.5	45.9	22.7	19 840 258.8	47.4	18	20 969 002.7	47	5.7
三、本年收益	16 915 477.2	—	6.6	20 205 283.7	—	19.4	21 378 045.5	—	5.8	22 260 992.3	—	4.1
四、年初未分配收益	4 446 368.6	—	8.2	5 497 655.1	—	23.6	10 975 635.6	—	99.6	13 318 266.8	—	21.3
五、其他转入	2 011 120.1	—	35.2	2 314 632.3	—	15.1	2 584 816.4	—	11.7	2 797 362.7	—	8.2
六、可分配收益	23 372 965.7	100	8.9	28 017 571.1	100	19.9	34 938 497.4	100	24.7	38 376 621.8	—	9.8
1.提取公积金、公益金	5 526 110.7	23.6	16.3	7 371 236.7	26.3	33.4	7 875 372.5	22.5	6.8	8 099 250.4	21	2.8
2.提取应付福利费	3 188 936.2	13.6	–1.9	3 472 797.2	12.4	8.9	3 770 691.3	10.8	8.6	3 860 683.6	10.1	2.4
3.外来投资分利	125 624.5	0.5	0.3	91 067	0.3	–27.5	75 016.1	0.2	–17.6	68 990.6	0.2	–8.0

续 表

	2018年			2019年			2020年			2021年		
	总额	占总比	同比	总额	占总比	同比	总额	占总比	同比	总额	占总比	同比
4.农户分配	6 213 218.4	26.6	1.2	7 543 345.6	26.9	21.4	7 722 764.6	22.1	2.4	8 149 337.2	21.2	5.5
5.其他分配	1 031 320.7	4.4	16	1 336 884	4.8	29.6	1 102 544.8	3.2	–17.5	1 170 702.4	3.1	6.2
七、年末未分配收益	7 287 754.4	31.2	15.5	8 202 240.6	29.3	12.5	14 392 108.1	—	75.5	17 027 657.6	—	18.3
八、附报												
1.汇入本表村数（个）	545 461	100	–3.2	554 376	100	1.6	539 890	100	–2.6	547 075	100	1.3
（1）当年无经营收益的村	195 233	35.8	–25.4	159 596	28.8	–18.3	121 245	22.5	–24	115 469	21.1	–4.8
（2）当年有经营收益的村	350 228	64.2	16.2	394 780	71.2	12.7	418 645	77.5	6	431 606	78.9	3.1
① 5 万元以下的村	151 916	27.9	11.2	160 142	28.9	5.4	124 856	23.1	–22	107 610	19.7	–13.8
② 5 万 ~ 10 万元的村	82 663	15.2	25.2	99 774	18	20.7	115 145	21.3	15.4	118 907	21.7	3.3
③ 10 万 ~ 50 万元的村	75 680	13.9	22.3	93 667	16.9	23.8	132 064	24.5	41	152 571	27.9	15.5
④ 50 万 ~ 100 万元的村	17 699	3.2	11.5	18 667	3.4	5.5	22 503	4.2	20.5	26 509	4.8	17.8
⑤ 100 万元以上的村	22 270	4.1	5.6	22 530	4.1	1.2	24 077	4.5	6.9	26 009	4.8	8
2.当年扩大再生产支出	1 873 593.9	—	16.6	2 462 873.1	—	31.5	2 418 263.3	—	–1.8	1 655 012.6	—	–31.6
3.当年公益性基础设施建设投入	12 436 756.6	100	1.8	14 243 977.7	100	14.5	9 440 498.4	—	–33.7	7 981 268.7	—	–15.5
其中：各级财政投入	7 998 911.1	64.3	1.2	9 589 867.3	67.3	19.9	6 048 689.9	—	–37	5 064 177.9	—	–16.3
其中：获得一事一议奖补资金	1 774 465.2	14.3	–16.4	3 221 105	22.6	81.5	913 434.3	—	–71.6	722 847.0	—	–20.9

续　表

	2018年			2019年			2020年			2021年		
	总额	占总比	同比	总额	占总比	同比	总额	占总比	同比	总额	占总比	同比
4.当年村组织支付的公共服务费用	1 867 424.8	—	10.4	2 167 988.4	—	16.1	2 557 553.6	—	18	2 875 181.8	—	12.4
5.农村集体建设用地出租出让宗数（宗）	269 525	—	84.5	566 304	—	110.1	2 559 310	—	351.9	818 772.0	—	—
6.农村集体建设用地出租出让面积（亩）	2 031 767.9	—	15.8	3 197 333	—	57.4	10 255 158	—	220.7	4 794 559.3	—	—
7.农村集体建设用地出租出让的收入	3 530 430	—	31	3 640 297.8	—	0.3	4 065 092	—	11.7	4 685 375.8	—	—

表3-5　2013—2021年内蒙古村集体经济组织收益分配情况

单位：万元，个

指标		2013年	2014年	2015年	2016年	2017年	2018年	2019年	2020年	2021年
总收入	全国	38 719 219.04	40 058 344.19	40 995 432.6	42 568 132.5	46 275 984.2	49 120 039.3	56 833 876.6	63 202 281.5	66 849 141.6
	内蒙古	243 159.482 2	253 271.291 3	236 675.7	267 455.8	310 535	357 991.3	498 687.9	589 557.2	577 638.4
	内蒙古 / 全国	0.63%	0.63%	0.58%	0.63%	0.67%	0.73%	0.88%	0.93%	0.86%
经营收入	全国	14 118 023.32	14 053 806.01	14 258 165.6	14 170 122.6	14 946 886.3	15 878 388.9	17 706 055.4	19 358 256.3	24 093 254
	内蒙古	27 404.901 4	18 736.081 5	17 513.8	18 207.2	22 448.4	33 580.1	76 441.9	68 082.8	98 898.3
	内蒙古 / 全国	0.19%	0.13%	0.12%	0.13%	0.15%	0.21%	0.43%	0.35%	0.41%
发包及上交收入	全国	7 357 333.207	7 334 045.28	7 476 645.8	7 530 366.2	8 003 675.5	8 078 208	8 690 466.6	9 454 788.4	8 611 261.9
	内蒙古	54 100.023 3	63 548.305 4	47 784.4	44 630.7	53 285.5	50 466.9	68 073.5	99 818.3	84 202.3
	内蒙古 / 全国	0.74%	0.87%	0.64%	0.59%	0.67%	0.62%	0.78%	1.06%	0.98%
投资收益	全国	1 113 206.518	1 259 965.982	1 202 976.6	1 320 068.7	1 406 502	1 513 397.4	2 007 683.6	2 580 074.6	2 941 815.3
	内蒙古	1 676.655 2	1 916.542 7	2 641	2 330.5	1 837.1	6 948.7	12 602.9	19 577.4	24 366.6
	内蒙古 / 全国	0.15%	0.15%	0.22%	0.18%	0.13%	0.46%	0.63%	0.76%	0.83%
补助收入	全国	6 925 231.207	7 756 747.016	8 666 827.6	9 830 735.3	11 298 374.2	12 469 295.3	14 887 646.1	17 313 441.9	16 147 078.6
	内蒙古	74 070.663 1	78 327.449 6	97 485.2	114 196.8	144 099.3	164 811.2	163 133.2	188 863.7	160 659
	内蒙古 / 全国	1.07%	1.01%	1.12%	1.16%	1.28%	1.32%	1.10%	1.09%	0.99%
其他收入	全国	9 205 424.782	9 653 779.909	9 390 817	9 716 839.7	10 620 546.2	11 180 749.5	13 542 024.8	14 495 720.3	150 557 318
	内蒙古	85 907.239 2	90 742.912 1	71 251.3	88 090.7	88 864.6	102 184.4	178 436.4	213 215	209 512.3
	内蒙古 / 全国	0.93%	0.94%	0.76%	0.91%	0.84%	0.91%	1.32%	1.47%	0.14%
总支出	全国	26 673 196.83	26 864 665.37	26 828 491.6	27 989 036.4	30 407 333.3	32 204 562.2	36 628 592.8	41 824 236	44 588 149.4
	内蒙古	217 098.811 1	226 991.667 8	223 918.2	252 123.5	306 156.4	302 616.1	406 869	442 259.8	447 082.6
	内蒙古 / 全国	0.81%	0.84%	0.83%	0.90%	1.01%	0.94%	1.11%	1.06%	1.00%

续 表

指标		2013年	2014年	2015年	2016年	2017年	2018年	2019年	2020年	2021年
经营支出	全国	9 369 628.646	8 643 884.842	8 216 656.4	7 959 493.3	8 172 136.7	8 223 441.4	8 297 785.9	8 197 808	9 930 642.2
	内蒙古	24 627.012 1	22 396.218	18 546	17 229.5	17 611.4	19 087.1	71 557.4	49 111.7	64 345.6
	内蒙古 / 全国	0.26%	0.26%	0.23%	0.22%	0.22%	0.23%	0.86%	0.60%	0.65%
管理费用	全国	7 381 217.124	7 665 315.597	8 063 648.2	8 731 568.3	9 598 103.8	10 272 539	11 510 774.5	13 786 169.2	13 688 504.5
	内蒙古	76 045.534 9	80 767.149	89 266.5	98 356.7	114 262.4	120 276.3	135 757.5	146 366.4	149 557.4
	内蒙古 / 全国	1.03%	1.05%	1.11%	1.13%	1.19%	1.17%	1.18%	1.06%	1.09%
干部报酬	全国	2 664 984.984	2 912 815.439	3 234 288.1	3 570 127.3	3 983 076.2	4 154 478.9	4 490 340.8	4 515 468	4 265 932
	内蒙古	38 347.860 2	38 956.066 2	47 832.5	53 517.4	61 247.5	66 428.5	63 719.4	50 831	45 527.7
	内蒙古 / 全国	1.44%	1.34%	1.48%	1.50%	1.54%	1.60%	1.42%	1.13%	1.07%
报刊费	全国	139 571.988 1	139 043.709	138 857.4	139 710.9	143 641.6	142 002	142 218.1	144 197	144 551.2
	内蒙古	1 611.767 5	1 741.983	1 632.8	1 528.9	1 395	1 356.6	1 318.9	1 107.1	996.6
	内蒙古 / 全国	1.15%	1.25%	1.18%	1.09%	0.97%	0.96%	0.93%	0.77%	0.69%
其他支出	全国	9 922 351.064	10 555 464.93	10 548 187	11 297 974.8	12 637 092.8	13 708 581.8	16 820 032.5	19 840 258.8	20 969 002.7
	内蒙古	116 426.264 1	123 828.300 8	116 105.8	136 537.3	174 282.6	163 252.7	199 554	246 781.6	233 179.6
	内蒙古 / 全国	1.17%	1.17%	1.10%	1.21%	1.38%	1.19%	1.19%	1.24%	1.11%
本年收益	全国	12 046 022.15	13 193 678.82	14 166 940.9	14 579 096.1	15 868 650.9	16 915 477.2	20 205 283.7	21 378 045.5	22 260 992.3
	内蒙古	26 060.671 1	26 279.623 5	12 757.4	15 332.4	4 378.6	55 375.2	91 818.9	147 297.4	130 555.8
	内蒙古 / 全国	0.22%	0.20%	0.09%	0.11%	0.03%	0.33%	0.45%	0.69%	0.59%
年初未分配收益	全国	2 299 685.286	3 213 100.518	2 941 090.3	3 435 815.7	4 109 783.2	4 446 368.6	5 497 655.1	10 975 635.6	13 318 266.8
	内蒙古	11 998.028 1	26 712.153 5	22 933.6	13 196.8	9 314.1	−184.3	30 836.9	175 142.7	164 321.7
	内蒙古 / 全国	0.52%	0.83%	0.78%	0.38%	0.23%	0	0.56%	1.60%	1.23%

续　表

指标		2013年	2014年	2015年	2016年	2017年	2018年	2019年	2020年	2021年
其他转入	全国	923 176.457 5	1 041 864.433	1 161 893.8	1 290 786.6	1 487 532.4	2 011 120.1	2 314 632.3	2 584 816.4	2 797 362.7
	内蒙古	35 941.998 3	23 181.835 3	18 013.3	24 882.5	26 033.6	28 284.6	106 119.6	116 306.1	38 468.9
	内蒙古 / 全国	3.89%	2.23%	1.55%	1.93%	1.75%	1.41%	4.58%	4.50%	1.38%
可分配收益	全国	15 268 883.9	17 448 643.77	18 269 925.1	19 305 698.4	21 465 966.4	23 372 965.7	28 017 571.1	34 938 497.4	38 376 621.8
	内蒙古	74 000.697 5	76 173.612 3	53 704.4	53 411.7	39 726.3	83 475.5	228 775.5	438 746.3	333 346.3
	内蒙古 / 全国	0.48%	0.44%	0.29%	0.28%	0.19%	0.36%	0.82%	1.26%	0.87%
5 万元以下的村	全国	136 742	126 805	131 421	130 801	136 642	151 916	160 142	124 856	107 610
	内蒙古	2 110	1 509	1 352	1 235	1 356	2 197	2 259	2 055	1 727
	内蒙古 / 全国	1.54%	1.19%	1.03%	0.94%	0.99%	1.45%	1.41%	1.65%	1.60%
5 万 ~ 10 万元的村	全国	52 876	52 644	55 618	57 027	66 003	82 663	99 774	115 145	118 907
	内蒙古	1 028	968	931	980	958	1 072	2 120	2 262	2 090
	内蒙古 / 全国	1.94%	1.84%	1.67%	1.72%	1.45%	1.30%	2.12%	1.96%	1.76%
10 万 ~ 50 万元的村	全国	49 192	51 781	51 535	52 162	61 856	75 680	93 667	132 064	152 571
	内蒙古	549	502	465	553	598	884	1 383	1 696	2 392
	内蒙古 / 全国	1.12%	0.97%	0.90%	1.06%	0.97%	1.17%	1.48%	1.28%	1.57%
50 万 ~ 100 万元的村	全国	12 677	13 369	13 256	13 627	15 879	17 699	18 667	22 503	26 509
	内蒙古	80	107	90	85	112	186	192	283	355
	内蒙古 / 全国	0.63%	0.80%	0.68%	0.62%	0.71%	1.05%	1.03%	1.26%	1.34%
100 万元以上的村	全国	15 894	16 704	17 051	17 536	21 098	22 270	22 530	24 077	26 009
	内蒙古	91	115	105	85	103	117	164	192	220
	内蒙古 / 全国	0.57%	0.69%	0.62%	0.48%	0.49%	0.53%	0.73%	0.80%	0.85%

续 表

指标		2013年	2014年	2015年	2016年	2017年	2018年	2019年	2020年	2021年
当年扩大再生产支出	全国	1 340 190.69	1 487 799.584	1 469 671.4	1 449 244.2	1 606 664.2	1 873 593.9	2 462 873.1	2 418 263.3	1 655 012.6
	内蒙古	2 256.605	1 638.750 6	1 159	2 205.7	1 019.3	720.8	682.7	1 737.3	1 621.8
	内蒙古 / 全国	0.17%	0.11%	0.08%	0.15%	0.06%	0.04%	0.03%	0.07%	0.10%
当年公益性基础设施建设投入	全国	8 754 728.524	9 398 560.093	10 314 329.2	12 146 958	12 215 515.8	12 436 756.6	14 243 977.7	9 440 498.4	7 981 268.7
	内蒙古	101 454.139 3	130 947.690 6	137 100.9	187 020	75 149.9	38 831	29 337.6	18 699.5	24 021
	内蒙古 / 全国	1.16%	1.39%	1.33%	1.54%	0.62%	0.31%	0.21%	0.20%	0.30%
各级财政投入	全国	4 926 596.503	5 570 439.414	6 519 685	7 360 673.6	7 906 234.9	7 998 911.1	9 589 867.3	6 048 689.9	5 064 177.9
	内蒙古	73 171.260 7	104 875.725 7	103 918.6	162 030	62 861.6	30 170.8	19 832.2	15 540.7	11 177.6
	内蒙古 / 全国	1.49%	1.88%	1.59%	2.20%	0.80%	0.38%	0.21%	0.26%	0.22%

表3-6　2021年全国农村产权流转交易市场情况

指标名称	单位	数量
一、农村产权流转交易市场基本情况		
1. 数量	个	1 153
（1）省级	个	14
（2）地市级	个	81
（3）县级	个	758
（4）乡镇级	个	300
2. 当年经营总收入	万元	231 382.1
其中：财政补助收入	万元	35 685. 7
3. 当年利润总额	万元	96 431.1
4. 工作人员数量	个	15 818
其中：专职工作人员数量	个	7 610
二、农村产权流转交易市场流转交易情况		
1. 当年流转交易数量	宗	677 455
其中：（1）重要品种流转交易情况		
①农户承包土地经营权	亩	12 405 551.17
②“四荒”使用权	亩	3 336 708. 56
③农村集体经营性资产	宗	178 534
（2）线上平台流转交易数量	宗	228 447
2. 累计流转交易数量	宗	33 592 066
其中：（1）重要品种流转交易情况		
①农户承包土地经营权	亩	42 609 659. 36
②“四荒”使用权	亩	5 083 689. 21
③农村集体经营性资产	宗	605 759
（2）线上平台流转交易数量	宗	512 204
3. 当年流转交易金额	万元	15 458 543. 7
其中：（1）重要品种流转交易情况指标名称		
①农户承包土地经营权	万元	3 270 997. 4
②“四荒”使用权	万元	268 347.6
③农村集体经营性资产	万元	7 094 658.5
（2）线上平台流转交易金额	万元	7 257 846.7
4. 累计流转交易金额	万元	82 874 390. 0
其中：（1）重要品种流转交易情况		
①农户承包土地经营权	万元	22 009 369.2

续 表

指标名称	单位	数量
②“四荒”使用权	万元	1 388 173.4
③农村集体经营性资产	万元	38 903 295.1
（2）线上平台流转交易金额	万元	26 841 514.8
三、农村产权流转交易市场开展融资情况		
1. 当年农村产权融资贷款总额	万元	633 503.0
2. 累计农村产权融资贷款总额	万元	3 950 804. 2
3. 当年农户承包土地经营权融资贷款总额	万元	401 316.4
4. 累计农户承包土地经营权融资贷款总额	万元	2 725 485. 5
5. 当年农户承包土地经营权融资贷款面积	亩	1 052 609.4
6. 累计农户承包土地经营权融资贷款面积	亩	6 635 348. 2
四、农村产权流转交易市场开展信息化情况		
1. 建立农村产权流转交易线上平台数量	个	896
（1）省级	个	16
其中：配有手机 App 数量	个	6
（2）地市级	个	75
其中：配有手机 App 数量	个	8
（3）县级	个	608
其中：配有手机 App 数量	个	34
（4）乡镇级	个	197
其中：配有手机 App 数量	个	35

表 3–7　2021 年全国各地区农村产权流转交易市场情况

	农村产权流转交易市场当年经营总收入（万元）	农村产权流转交易市场财政补助收入（万元）	农村产权流转交易市场当年利润总额（万元）	农村产权流转交易市场工作人员数量（个）	农村产权流转交易市场专职工作人员数量（个）
全国	231 382.1	35 685.7	96 431.1	15 818	7 610
北京市	1 522.0	907	406	26	26
天津市	936.2	0	288.4	38	38
河北省	6 047.1	2 647.6	–7.4	801	622
山西省	0	0	0	19	2
内蒙古自治区	37.6	0	7	26	25
辽宁省	482.6	5	–18.6	602	108
吉林省	425.8	196	17.2	21	16

续 表

	农村产权流转交易市场当年经营总收入（万元）	农村产权流转交易市场财政补助收入（万元）	农村产权流转交易市场当年利润总额（万元）	农村产权流转交易市场工作人员数量（个）	农村产权流转交易市场专职工作人员数量（个）
黑龙江省	660.3	13.5	113.4	214	57
上海市	56.8	0	–139.7	8	0
江苏省	81 303.5	4 393.5	12 377.7	2 504	1 458
浙江省	6 415.3	931.6	4 662.9	394	176
安徽省	66 793.8	221.6	60 006.1	705	226
福建省	0	0	0	42	26
江西省	635.3	292.3	133.6	188	68
山东省	1 996.4	250.8	155.6	305	203
河南省	148.3	70	–46.7	97	63
湖北省	33 353.9	16 349.5	6 372.8	1 180	380
湖南省	7 996.9	3 343.1	3 639.6	472	216
广东省	0	0	0	4 227	2 355
广西壮族自治区	1 735.0	246.9	–201.3	965	694
海南省	193.7	0	35.7	18	18
重庆市	4 086.3	372.3	639.6	114	57
四川省	11 172	3 783.4	6 926.9	1 589	279
贵州省	4 496.1	1 500.2	1 058.8	312	131
云南省	122	120	2	48	16
陕西省	15.8	15	15	663	266
甘肃省	6	0	0	40	10
青海省	0	0	0	0	0
宁夏回族自治区	541.5	26.5	20.0	55	40
新疆维吾尔自治区	202	0	6.4	145	34

表3–8 2021年全国各地区农村集体经营性产权流转交易市场情况

	农村产权流转交易市场当年流转交易数量（宗）	农户承包土地经营权当年流转交易面积（亩）	“四荒”使用权当年流转交易面积（亩）	农村集体经营性资产当年流转交易数量（宗）	当年线上平台农村产权流转交易数量（宗）
全国	677 455	12 405 551.17	3 336 708.56	178 534	228 447
北京市	513	25 140	150	300	513
天津市	2 694	324 857.26	394.35	653	2 626
河北省	14 283	1 009 332.57	91 298.56	2 346	7 804

续 表

	农村产权流转交易市场当年流转交易数量（宗）	农户承包土地经营权当年流转交易面积（亩）	“四荒”使用权当年流转交易面积（亩）	农村集体经营性资产当年流转交易数量（宗）	当年线上平台农村产权流转交易数量（宗）
山西省	10	257.63	0	8	0
内蒙古自治区	43	55 127	0	0	40
辽宁省	7 926	90 466.24	4 125.68	154	5 606
吉林省	11 751	0	0	11 751	11 751
黑龙江省	53 089	70 203.14	3 055 195.23	1 275	47 215
上海市	6 315	547 366.87	0	818	6 303
江苏省	284 511	4 178 383.12	59 970.41	75 319	89 706
浙江省	15 229	190 991.07	2 600.35	6 399	5 352
安徽省	10 302	529 755.03	7 132.31	1 293	2 904
福建省	3 866	5 086.6	0	97	1
江西省	10 449	1 796 551.86	10 629.55	415	7 740
山东省	9 315	529 813.99	19 502.71	729	5 958
河南省	360	90 158.34	1 114	70	299
湖北省	68 000	453 868.29	44 643.48	1 343	8 218
湖南省	41 443	293 783.09	7 624.88	1 383	390
广东省	69 796	254 873.47	4 759.94	69 561	12 211
广西壮族自治区	1 189	92 286.9	2 706.32	178	414
海南省	3	81.4	0	2	2
重庆市	270	20 909	946	10	48
四川省	31 231	675 874.8	11 055.27	985	9 141
贵州省	4 288	69 821.77	520	581	31
云南省	2 684	60 494.33	5 266.50	4	559
陕西省	15 142	271 858.64	510	2 649	2 308
甘肃省	188	61 500	551.02	0	0
青海省	0	0	0	0	0
宁夏回族自治区	458	171 316.76	6 012	180	320
新疆维吾尔自治区	12 107	535 392	0	31	987

表3–9 2021年全国农村土地承包经营及管理情况

指标名称	单位	数量	同比（%）
一、耕地承包情况			
（一）家庭承包经营的耕地面积	亩	1 574 659 398	0.8
（二）家庭承包经营的农户数	户	220 873 379	0.2
（三）家庭承包合同份数	份	215 847 295	–0.3
（四）颁发土地承包经营权证份数	份	210 440 867	0.2
（五）机动地面积	亩	77 315 800	0.9
二、土地承包经营权转让、互换情况			
（一）土地承包经营权转让面积	亩	14 273 980	5.0
（二）土地承包经营权互换面积	亩	15 314 243	–18.5
三、家庭承包耕地土地经营权流转情况			
（一）家庭承包耕地土地经营权流转总面积	亩	556 978 588	4.7
1. 出租（转包）面积	亩	493 676 469	3.9
其中：出租给本乡镇以外人口或单位的面积	亩	68 485 929	27.2
2. 入股面积	亩	30 183 759	3.1
其中：耕地入股合作社的面积	亩	18 224 945	7
3. 其他形式流转面积	亩	33 118 360	18.5
（二）家庭承包耕地土地经营权流转去向			
1. 流转入农户的面积	亩	268 869 587	8.1
2. 流转入家庭农场的面积	亩	78 648 258	10.4
3. 流转入专业合作社的面积	亩	113 945 767	–0.5
4. 流转入企业的面积	亩	56 405 072	1.5
5. 流转入其他主体的面积	亩	39 109 904	–6.9
（三）流转用于种植粮食作物的面积	亩	323 601 668	3.3
（四）流转出承包耕地的农户数	户	75 865 619	—
（五）签订耕地流转合同份数	份	58 791 952	—
（六）签订流转合同的耕地值转面积	亩	385 618 661	—
（七）乡镇土地流转服务中心总数	个	22 931	2.8
四、仲裁机构队伍情况			
（一）仲裁委员会数	个	2 595	5.6
其中：县级仲裁委员会数	个	2 478	2.1
（二）仲裁委员会人员数	人	51 283	19.1
其中：农牧民委员人数	人	13 273	20.4
（三）聘任仲裁员数	人	54 680	3.2

续　表

指标名称	单位	数量	同比（%）
（四）仲裁委员会日常工作机构人数	人	16 454	7.1
其中：专职人员数	人	5 994	8.9
五、土地承包经营纠纷调处情况			
（一）受理土地承包及流转纠纷总量	件	178 171	–12.1
1. 土地承包纠纷数	件	111 170	–13.2
（1）家庭承包	件	103 914	–13.7
其中：涉及妇女承包权益的	件	8 079	–2.2
（2）其他方式承包	件	7 256	–4.5
2. 土地流转纠纷数	件	56 922	–8.9
（1）农户之间	件	40 705	–7.9
（2）农户与村组集体之间	件	7 660	–16.2
（3）农户与其他主体之间	件	8 557	–6.1
3. 其他纠纷数	件	10 079	–16.5
（二）调处纠纷总数	件	165 850	–8.3
其中：涉及妇女承包权益的	件	8 203	–9.7
1. 调解纠纷数	件	155 075	–9.0
（1）乡镇调解数	件	59 519	–16.8
（2）村民委员会调解数	件	95 556	–3.4
2. 仲裁纠纷数	件	10 775	3.1
（1）和解或调解数	件	8 764	3.6
（2）仲裁裁决数	件	2 011	1.3

3. 适度规模经营趋势明显

土地流转速度明显加快，使闲散的、零碎的、低效利用的土地逐步向集约化、规模化、高效利用的生产经营能手、家庭农场、农民合作社及农业企业集中，逐步实现了农业的适度规模经营。农村土地流转仍以出租、转包为主，土地流转价格形成机制从政府主导向市场决定转变，新型经营主体逐步进入土地流转市场，涉农企业也开始参与草场流转。土地流转具有明显的地区差异，草场自然禀赋优越的乡村以出租方式居多，草场资源禀赋优势不明显的地区以转包方式流转，而草场自然条件相对恶劣地区以转让方式流转。2021年，内蒙古集体所有的农用地总面积120 314.6万亩，占全国的比重为20.37%。农户承包土地经营权当年流转面积39 896 968亩，占全国的比重为7.16%。

4. 公共产品供给能力提升

新型农村集体经济在提升农村医疗救助、养老救济、教育补助、基础设施管护等方面发挥普惠性作用，公共投入水平呈现出快速增长态势。（1）补充供给数量。通过村集体积累和内部动员，扩张公共积累规模，内生性供给生产生活公共品，有效提升公共品供给水平，农村人居环境加快改善。（2）优化供给结构。规范化提取用于公共福利的公积金和公益金，多元化拓展供给渠道，实现供需匹配和公平再分配，公共产品供给的针对性更强、效率更高。（3）加强运维管理。集体组织发挥财政资金的杠杆作用，参与公共品的运营、维修、管护，可持续地发挥公共品的功能。

5. 乡村的治理能力强化

农村集体经济和乡村治理相互交融，有助于提高村干部的素质水平、权威和声望，进而提升乡村治理能力。加大干部报酬的支出，激发村干部参与乡村治理的积极性和主动性，且吸引具有领导力的村庄精英进入村干部队伍。村民的“主人翁”意识和集体意识不断加强，村民参与乡村治理的内在动力显著增强，不公平、不稳定的问题得到极大化解，大大减少了社会纠纷，乡村有效治理的社会基础不断得到夯实①。除了纪委、监察等部门要加强监督，部分村庄还建立农民利益维护机制和处理平台，使集体经济能真正地促进农民实现共同富裕。2021年，中国农村集体资产财务管理实行财务公开村数为556 306个，建立村民主理财小组的村数为557 176个。完成产权制度改革单位数965 671个，其中组级394 849个、村级569 829个、镇级993个；改革时点量化资产总额321 327 116.3万元，其中组级39 747 449.6万元、村级270 820 993.7万元、镇级107 586 719万元。内蒙古的情况与全国一致。

6. 筑牢农业现代化基础

积极对接城市高质量产业和城市需求，进行新型农村集体产业布局，为城市产业发展提供半成品供给，拓宽新型农村集体经济组织增收渠道。积极拓宽、拓展农业产业链条，构建以新型农村集体经济组织引领的现代化农业产业体系。建设支撑新型农村集体经济发展的人才队伍，提升农民、村“两委”干部、村集体经济组织负责人发展新型农村集体经济的共识，提升其市场意识。因地制宜发展集体所有制性质的特色

① 匡远配，彭凌凤.新型农村集体经济的共同富裕效应[J].西北农林科技大学学报（社会科学版），2023（3）：16-22.

表3-10　2013—2021年内蒙古集体经济土地流转情况

		2013年	2014年	2015年	2016年	2017年	2018年	2019年	2020年	2021年
集体所有的农用地总面积（万亩）	全国	630 216.1	632 282.2	637 561.0	641 563.0	646 174.7	657 879.7	761 323.0	590 729.6	590 729.6
	内蒙古	137 260.1	138 015.7	138 196.9	138 476.0	138 532.9	137 722.1	130 241.5	120 314.6	120 314.6
	内蒙古 / 全国	21.78%	21.83%	21.68%	21.58%	21.44%	20.93%	17.11%	20.37%	20.37%
农村集体建设用地出租出让收入（万元）	全国	2 943 743.7	2 570 148.8	4 342 949.6	2 330 731.6	2 694 544.0	3 530 430.0	3 640 297.8	4 065 092.0	4 685 375.8
	内蒙古	434.0	387.5	0.0	0.0	220.7	9.3	216.5	1 949.0	84.1
	内蒙古 / 全国	0.014 7%	0.015 1%	0	0	0.008 2%	0.000 3%	0.005 9%	0.047 9%	0.001 8%
农户承包土地经营权当年流转面积（亩）	全国	33 782 653.0	403 394 670.0	446 833 652.0	479 208 068.0	512 113 203.0	539 020 347.0	554 980 363.0	474 972 324.0	556 978 588.0
	内蒙古	2 098 676.0	28 461 754.0	31 871 200.0	35 944 787.0	36 664 569.0	38 080 285.0	38 412 904.0	37 734 620.0	39 896 968.0
	内蒙古 / 全国	6.21%	7.06%	7.13%	7.50%	7.16%	7.06%	6.92%	7.94%	7.16%
农村集体经营性资产当年流转交易数量（宗）	全国	—	—	—	—	—	—	—	—	178 534.0
	内蒙古	—	—	—	—	—	—	—	—	0
	内蒙古 / 全国	—	—	—	—	—	—	—	—	0

农业产业，充分利用“互联网+”发展为生态农业提供新业态、新思维，对标更高层次产业标准推动相关产业优化升级，促进新型农村集体经济可持续发展。构建官方和第三方联动评估的考核体系，专门负责考核和评估新型农村集体经济发展成果是否真正地惠及农牧民①。

（二）新型农村集体经济发展的限度剖析

1. 总体收益：形式单一与两极分化

随着农村集体产权制度改革的纵深推进和国家资源的不断下乡，底层的“空壳村”数量在极速缩小，中等收入的村庄规模稳步提升，但“空壳村”占比仍较大，整体发展仍较为孱弱。村集体经济形式单一，直接生产经营的较少，集体经济增收项目少、渠道窄、来源有限有一定关系②。新型农村集体经济呈现金字塔形结构，即塔尖存在少量的高收入村庄，中等收入的村庄规模次之，底层则存在数量巨大的低收入村庄。部分市场资源丰富、区位条件优越的村集体借此搭上发展的快车，如城郊村、城中村通过建造商铺、厂房和仓储等及集体自留地征用、拆迁等获得高额收入，而一些无产业、无资产、无区位的村庄则在竞争中落败，新型农村集体经济发展的非均衡性问题渐趋凸显。2021年，村集体经济组织的经营收入与发包及上交收入2个指标总额较大，分别为98 898.3万元、84 202.3万元，外来投资分利只有83.6万元。

2. 空间分布：区域失衡与差距递增

为补齐农村发展短板、缩小城乡收入差距，国家向乡村转移支付的力度不断加大，新型农村集体经济发展呈现“东高西低，梯次下降”的分布特征，多数新型农村集体经济的发展水平低下。区位条件、市场资源和资本禀赋等是影响集体经济发展的关键因素，不同地区的农户规模存在差异，集体经济发展的区域不平衡问题突出。西部地区新型农村集体经济发展总体保持低水平的收入和增速，东部沿海地区的集体经济收入遥遥领先且增速明显。资本积累并未引发集体经济发展的收敛效应，东部地区与其他地区的收入差距会愈发悬殊。2021年内蒙古村集体经济组织总收入占全国比重只有0.86%，但北京占比达6.68%，上海占比为2.19%，内蒙古与沿海发达地区的

① 陈健.新发展阶段新型农村集体经济促进农民共同富裕研究[J].马克思主义研究，2022（12）：54-64.
② 杨书平.松滋市村级集体经济发展情况调查与对策思考[J].南方农业，2023（4）：165-168.

表3-11　2017—2021年中国农村集体资产财务管理情况

单位：个，件，万元，人

指标名称	2017年		2018年		2019年		2020年		2021年	
	数量	同比（%）	数量	同比（%）	数量	同比（%）	数量	同比（%）	数量	同比（%）
一、农村财务管理情况										
1. 实行财务公开村数	568 197	–0.1	570 390	0.4	564 099	–1.1	558 742	–0.9	556 306	–0.4
2. 建立村民主理财小组的村数	556 139	0.1	556 916	0.1	560 590	0.7	554 181	–1.1	557 176	0.5
3. 实行村会计委托代理制的乡镇数	30 345	0.1	30 723	1.2	34 777	13.2	34 546	–0.7	34 756	0.6
其中：涉及村数	509 972	0.7	513 265	0.6	506 204	–1.4	503 020	–0.6	511 120	1.6
4. 实行会计电算化的村数	373 497	3.9	388 146	3.9	403 605	4.0	435 091	7.8	468 289	7.6
二、农村集体经济审计情况										
1. 已审计单位数	391 354	–5.0	396 883	1.4	320 912	–19.1	585 801	82.5	415 682	–29.0
其中：违纪单位个数	6 144	–10.0	5 084	–17.3	3 395	–33.2	4 024	18.5	2 480	–38.4
2. 已审计单位资金总额	183 648 705.4	24.1	191 995 124.3	4.5	238 568 666.1	24.3	419 472 709.7	75.8	260 801 963.5	–37.8
其中：违纪金额	63 627.9	9.4	36 136	–43.2	261 431 121	–27.7	52 455.4	100.6	14 500.7	–72.4
退赔金额	11 781.1	–36.7	11 175.2	–5.1	95 100 378.8	–14.9	6 917.3	–27.3	4 135.8	–40.2
3. 贪污案件数	268	–31.1	185	–31	261	41.1	88	–66.3	43	–51.1
其中：万元以上贪污案件数	163	–7.9	119	–27	84	–29.4	56	–33.3	25	–55.4
4. 贪污金额总数	1 972.9	–0.5	1 893.5	–4.0	16 465 155.3	–13.1	1 542.9	–6.3	172.9	–88.8
5. 受处分人数	3 579	19.3	3 135	–12.4	2 389	–23.8	1 998	–16.4	1 089	–45.5
其中：受刑事处理人数	151	–26.7	136	–9.9	184	35.3	85	–53.8	50	–41.2
6. 已成立审计机构的县数	1 098	2.8	1 160	5.6	1 197	3.2	1 726	44.2	1 976	14.5
7. 已配备审计人员数	46 621	–0.6	44 106	–5.4	41 158	–6.7	80 202	94.9	70 618	–12.0

续 表

指标名称	2017年		2018年		2019年		2020年		2021年	
	数量	同比（%）	数量	同比（%）	数量	同比（%）	数量	同比（%）	数量	同比（%）
其中：持审计证人员数	30 338	−1.7	28 927	−4.7	23 190	−19.8	29 680	28.0	27 806	−6.3
三、附报										
村干部任期和离任审计数	196 209	3.9	259 024	32.0	93 027	−64.1	414 562	345.6	308 659	−25.6
土地补偿费专项审计数	6 666	−18.7	9 094	36.4	9 298	2.2	41 627	347.7	232 539	458.6

表3-12　农村集体产权制度改革情况（一）

单位：个，件，万元，人

指标名称	2017年				2018年				2019年			
	合计数	组级	村级	镇级	合计数	组级	村级	镇级	合计数	组级	村级	镇级
一、完成产权制度改革单位数	131 207	48 964	81 386	857	217 604	64 096	152 883	625	594 604	225 642	368 582	380
1. 在农业部门登记的单位数	77 015	28 659	47 863	493	150 343	40 774	109 106	463	451 921	115 803	335 861	257
2. 在工商部门登记的单位数	27 751	1 918	25 527	306	27 562	2 098	25 385	79	12 668	2 513	10 029	126
其中：登记为农牧民专业合作社的单位数	11 049	270	10 677	102	10 434	631	9 746	57	5 223	1 219	3 747	257
3. 其他	26 439	18 387	7 994	58	39 699	21 224	18 392	83	129 991	107 336	22 600	55
二、改革时点量化资产总额	66 552 683.2	6 807 339.5	56 718 201.7	3 027 142	128 397 667.8	11 292 257	103 804 447.7	13 300 963	193 894 697	22 730 899.3	164 678 018.5	6 485 779.1
其中：量化经营性资产总额	41 587 016.4	4 883 604.1	34 408 110.5	2 295 301.8	77 744 536.3	6 537 857.8	61 478 237.7	9 728 440.7	108 830 585	13 152 419.4	89 973 845.5	5 704 320
三、股东总数	112 192 491	9 660 507	99 367 486	3 164 498	259 964 080	12 614 142	243 829 043	3 520 895	710 317 603	37 548 719	666 456 672	6 312 212
其中：成员股东数	109 057 096	9 559 033	97 646 184	1 851 879	247 649 287	11 721 922	234 050 318	1 877 047	606 291 749	36 773 899	563 589 144	5 928 706
集体股东数	916 126	16 305	86 890	812 931	2 425 442	29 915	1 571 142	824 385	4 708 041	140 460	4 531 207	—
四、股本总额	63 226 683.6	4 399 490.9	54 447 678.3	4 379 514.3	93 071 830.2	7 735 771	80 776 851.5	4 559 207.8	156 102 777	22 380 830.9	129 280 490.5	4 441 456
其中：成员股本金额	47 665 723.2	3 532 453	40 972 257.1	3 161 013.1	69 525 357	5 916 802.2	60 361 564.3	3 246 990.5	119 816 322	14 885 078.1	101 882 404.1	3 048 839.3
集体股本金额	9 153 735.8	303 694.5	8 381 204.5	468 836.7	11 923 746.7	982 713.1	10 379 400.5	561 633.1	24 540 139	3 085 738.8	20 120 653.4	1 333 747
五、本年股金分红总额	4 109 546	1 244 187.7	2 615 393.4	249 964.8	4 876 554.1	1 375 898.4	3 219 708.6	280 947.2	5 711 782	2 130 746	3 507 830.5	73 205.1
其中：成员股东分红金额	3 431 293.3	1 130 584.7	2 089 060.5	211 648.2	4 113 137	1 248 727.8	2 634 142.2	230 267.1				
集体股东分红金额	198 079.5	23 519.8	139 775.3	34 784.4	272 164.9	24 158	210 985.7	37.021 .1				
六、年末资产总额	157 309 972.1	10 404 605.5	137 891 553.5	9 013 813.1	291 211 145.7	24 436 722.3	240 833 634.3	25 940 789.2	397 872 955	33 429 954.3	343 747 569.0	20 695 431.4
其中：经营性资产总额	66 877 967.3	6 279 482.9	56 189 770.4	4 408 714.1	142 528 880.7	14 992 812.4	110 173 706.1	17 362 362.2	159 616 167	14 905 421.4	130 164 631.5	14 546 114.3
七、公益性支出总额	2 637 255.9	61 871.4	2 534 673	40 711.6	3 853 815 .6	101 472.4	3.696 832 .1	55 511.2	7 179 740	167 851	6 962 067.1	49 822.1
1. 公益性基础设施建设投入金额	1 664 364.6	20 137.3	1 608 387.1	35 840.3	2 645 399.9	52 960.2	2 543 136.3	49 303.3	4 346 866	131 768.5	4 169 483.4	45 614.2
2. 支付的公共服务费用	972 891.3	41 734.1	926 285.9	4 871.3	1 208 415.8	48 512.2	1 153 695.8	6 207.8	2 832 874	36 082.5	2 792 583.6	4 207.9
八、上缴税费总额	668 496.9	35 956	555 287.8	77 253.1	759 466.3	32 717.7	597.097 .5	129 651.3	872 023	131 782.7	584 693.3	155 547.4
其中：代缴红利税总额	14 811.2	370.4	8 404.3	6 036.5	24.089 .2	388.3	15 836.8	7 864.2	33 661	708.0	26 390.3	6 563

表3–13　农村集体产权制度改革情况（二）

单位：个，件，万元，人

指标名称	2020年				2021年			
	合计数	组级	村级	镇级	合计数	组级	村级	镇级
一、完成产权制度改革单位数	979 189	447 367	530 874	948	965 671	394 849	569 829	993
1. 在农业部门登记的单位数	798 145	272 357	525 223	565				
2. 在工商部门登记的单位数								
其中：登记为农牧民专业合作社的单位数								
3. 其他								
二、改革时点量化资产总额	298 227 152.4	38 322 042.6	250 240 202.3	9 664 907.6	321 327 116.3	39 747 449.6	270 820 993.7	107 586 719
其中：量化经营性资产总额	154 539 606.5	14 427 172.5	132 375 230.6	7 737 203.4	164 995 305.3	14 952 880.9	142 341 442.4	7 700 982
三、股东总数	879 338 063	67 979 246	802 773 443	8 585 374	—	82 281 407	921 298 006	3 076 663
其中：成员股东数	7 038 322.1	2 590 114	4 355 926.5	92 281.5	125 704 455.5	12 186 987.9	1 083 526 216	5 164 845.1
集体股东数								
四、股本总额								
其中：成员股本金额								
集体股本金额								
五、本年股金分红总额	40 848 924.2	12 721 556.5	27 589 651.1	537 716.6	8 139 584	3 051 240.5	4 989 281.5	99 061.9
其中：成员股东分红金额	33 534 580.1	11 130 520.5	22 007 915.9	396 143.6	7 484 044.6	2 901 976.8	4 512 123.8	69 943.9
集体股东分红金额	6 140 009	1 475 461.2	4 560 905.3	103 642.5	639 199.6	110 629	512 020.3	16 550.3
六、年末资产总额	672 318 444.4	43 008 617.8	597 222 550	32 087 276.7	702 556 027.8	64 563 480.6	602 255 667.4	35 736 879.8
其中：经营性资产总额	247 736 604.9	14 999 227.2	212 766 269.8	19 971 107.9	301 333 964.8	29 267 303.3	241 911 129.4	30 155 532.1
七、公益性支出总额								
1. 公益性基础设施建设投入金额								
2. 支付的公共服务费用								
八、上缴税费总额					1 020 536.9	122 574.1	749 655	148 307.7
其中：代缴红利税总额	25 576.7	3 602	15 765.8	6 208.9	35 130.7	1 977.1	26 970.1	6 183.4

表3-14　2013—2021年内蒙古农村集体资产财务管理情况

单位：个，万元

		2013年	2014年	2015年	2016年	2017年	2018年	2019年	2020年	2021年
实行财务公开村数	全国	593 131	592 924	588 255	568 964	570 390	570 390	564 099	558 742	556 306
	内蒙古	10 415	10 981	10 982	10 906	11 010	11 063	11 219	11 169	11 178
	内蒙古 / 全国	1.76%	1.85%	1.87%	1.92%	1.93%	1.94%	1.99%	2.00%	2.01%
建立村民主理财小组的村数	全国	576 410	577 182	574 687	555 443	556 916	556 916	560 590	554 181	557 176
	内蒙古	9 799	10 517	10 519	10 400	10 354	10 394	10 834	10 861	10 933
	内蒙古 / 全国	1.70%	1.82%	1.83%	1.87%	1.86%	1.87%	1.93%	1.96%	1.96%
实行村会计委托代理制的乡镇数	全国	30 302	226 707	30 864	30 318	30 723	30 723	34 777	34 546	34 756
	内蒙古	581	661	663	690	738	739	765	740	681
	内蒙古 / 全国	1.92%	0.29%	2.15%	2.28%	2.40%	2.41%	2.20%	2.14%	1.96%
涉及村数	全国	521 168	523 651	524 924	506 333	513 265	513 265	506 204	503 020	511 120
	内蒙古	7 788	8 554	8 613	8 472	8 910	9 123	8 891	8 914	8 467
	内蒙古 / 全国	1.49%	1.63%	1.64%	1.67%	1.74%	1.78%	1.76%	1.77%	1.66%
实行会计电算化的村数	全国	346 616	358 176	362 321	359 326	388 146	388 146	403 605	435 091	468 289
	内蒙古	3 392	4 081	4 222	4 468	4 609	4 803	5 942	5 979	6 527
	内蒙古 / 全国	0.98%	1.14%	1.17%	1.24%	1.19%	1.24%	1.47%	1.37%	1.39%
已审单位数	全国	423 997	418 040	382 629	412 061	396 883	396 883	320 912	585 801	415 682
	内蒙古	5 746	5 882	8 676	5 691	6 315	7 939	4 656	7 578	4 302
	内蒙古 / 全国	1.36%	1.41%	2.27%	1.38%	1.59%	2.00%	1.45%	1.29%	1.03%
违纪单位个数	全国	7 819	8 272	7 131	6 828	5 084	5 084	3 395	4 024	2 480
	内蒙古	248	207	135	20	59	154	1	98	33
	内蒙古 / 全国	3.17%	2.50%	1.89%	0.29%	1.16%	3.03%	0.03%	2.44%	1.33%

续 表

		2013年	2014年	2015年	2016年	2017年	2018年	2019年	2020年	2021年
已审单位资金总额	全国	103 317 033	112 368 511.5	129 767 681	147 970 556.6	191 995 124.3	191 995 124.3	2 385 686 660 449.8	419 472 709.7	260 801 963.5
	内蒙古	384 135.981 3	436 216.128	2 401 072.7	421 748.7	612 625.8	1 480 509.5	4 136 282 282	2 447 150.6	579 665.3
	内蒙古 / 全国	0.37%	0.39%	1.85%	0.29%	0.32%	0.77%	0.17%	0.58%	0.22%
违纪金额	全国	61 818.240 7	58 814.688 1	50 341.6	58 147.5	36 136	36 136	261 431 121	52 455.4	14 500.7
	内蒙古	670.088 8	1 730.499 5	1 362.8	95.7	672	586.1	499 000	3 157.6	336.9
	内蒙古 / 全国	1.08%	2.94%	2.71%	0.16%	1.86%	1.62%	0.19%	6.02%	2.32%
退赔金额	全国	10 672.001 4	14 718.227	13 685.1	18 611.5	11 175.2	11 175.2	95 100 378.8	6 917.3	4 135.8
	内蒙古	251.61	724.471 1	59.2	69.1	25.4	2.6		4.8	2.7
	内蒙古 / 全国	2.36%	4.92%	0.43%	0.37%	0.23%	0.02%	0	0.07%	0.07%
贪污案件数	全国	404	579	344	389	185	185	261	88	43
	内蒙古	3		5		5	1	1	0	0
	内蒙古 / 全国	0.74%	0	1.45%	0	2.70%	0.54%	0.38%	0	0
万元以上贪污案件数	全国	262	380	235	177	119	119	84	56	25
	内蒙古	1		5		5	1	1	0	0
	内蒙古 / 全国	0.38%	0	2.13%	0	4.20%	0.84%	1.19%	0	0
贪污金额总额	全国	2 940.186 3	3 488.313 9	2 103.3	1 983.1	1 893.5	1 893.5	16 465 155.3	1 542.9	172.9
	内蒙古	6.4		23.5		6.6	40	470 000	0	0
	内蒙古 / 全国	0.22%	0	1.12%	0	0.35%	2.11%	2.85%	0	0
受处分人数	全国	2 287	2 467	2 425	2 999	3 135	3 135	2 389	1 998	1 089
	内蒙古	8	21	118	3	58	5	7	0	0
	内蒙古 / 全国	0.35%	0.85%	4.87%	0.10%	1.85%	0.16%	0.29%	0	0

续 表

		2013年	2014年	2015年	2016年	2017年	2018年	2019年	2020年	2021年
受刑事处理人数	全国	303	303	231	206	136	136	184	85	50
	内蒙古	6	6	3				2	0	0
	内蒙古 / 全国	1.98%	1.98%	1.30%	0	0	0	1.09%	0	0
已成立审计机构的县数	全国	1 075	1 132	1 091	1 068	1 160	1 160	1 197	1 726	1 976
	内蒙古	51	59	59	58	51	51	29	24	19
	内蒙古 / 全国	4.74%	5.21%	5.41%	5.43%	4.40%	4.40%	2.42%	1.39%	0.96%
已配备审计人员数	全国	47 145	48 336	48 834	46 894	44 106	44 106	41 158	80 202	70 618
	内蒙古	723	743	751	751	676	595	439	530	414
	内蒙古 / 全国	1.53%	1.54%	1.54%	1.60%	1.53%	1.35%	1.07%	0.66%	0.59%
持审计证人员数	全国	29 006	31 518	31 478	30 869	28 927	28 927	23 190	29 680	27 806
	内蒙古	366	375	451	460	437	378	239	223	186
	内蒙古 / 全国	1.26%	1.19%	1.43%	1.49%	1.51%	1.31%	1.03%	0.75%	0.67%
村干部任期和离任审计数	全国	177 604	213 219	668 744	188 902	259 024	259 024	93 027	414 562	308 659
	内蒙古	1 050	1 310	4 555	1 904	1 551	4 585	1 143	6 392	3 069
	内蒙古 / 全国	0.59%	0.61%	0.68%	1.01%	0.60%	1.77%	1.23%	1.54%	0.99%
土地补偿费专项审计数	全国	10 193	23 181	10 950	8 197	9 094	9 094	9 298	41 627	232 539
	内蒙古	23	44	59	17	223	227	184	153	56
	内蒙古 / 全国	0.23%	0.19%	0.54%	0.21%	2.45%	2.50%	1.98%	0.37%	0.02%

表3–15　2021年中国各地区农村集体资产财务管理情况（一）

单位：个，万元

地区	完成产权制度改革的单位数				改革时点量化资产总额				确认成员数				本年股金分红总额			
	合计	组级	村级	镇级	合计	组级	村级	镇级	合计	组级	村级	镇级	合计	组级	村级	镇级
全国	965 671	394 849	569 829	993	321 327 116.3	39 747 449.6	270 820 993.7	10 758 672.9	—	82 281 407	921 298 006	3 076 663	8 139 584	3 051 240.5	4 989 281.5	99 061.9
北京市	6 983	0	6 800	183	10 850 552.4	0	10 126 087.3	724 465.1	—	0	3 431 101	14 648	588 953.5	0	543 703.6	45 249.9
天津市	3 636	0	3 636	0	6 596 086.5	0	6 596 086.5	0	—	0	3 931 764	0	125 314.8	0	125 314.8	0
河北省	48 884	59	48 800	25	13 048 457.9	17 947.6	12 842 657.9	187 852.3	—	19 544	44 806 666	13 999	61 932.6	67.1	61 865.5	0
山西省	45 402	20 567	24 792	43	20 740 040.7	929 686.6	19 809 513.3	840.8	—	5 231 067	21 294 333	93 949	53 745	982.8	52 762.2	0
内蒙古自治区	11 376	250	11 123	3	1 458 426	4 639.4	1 444 774.9	9 011.7	—	109 138	13 802 780	0	2 648.7	0	2 648.7	0
辽宁省	12 464	63	12 400	1	5 450 434.9	81 711.6	5 342 985.1	25 738.1	—	60 329	20 608 660	4 254	17 186.3	0	16 432.3	754.1
吉林省	12 249	2 857	9 391	1	1 240 114.5	22 575.9	1 197 186.5	20 352.2	—	664 620	14 175 093	26 374	914.5	7	907.5	0
黑龙江省	10 027	3	10 024	0	3 495 188.1	10 267.6	3 484 920.5	0	—	2 443	17 845 861	0	10 288.4	0	10 288.4	0
上海市	1 711	0	1 600	111	15 756 113.5	0	7 804 151.2	7 951 962.3	—	0	3 581 373	0	198 211.6	0	161 454.4	36 757.2
江苏省	17 772	49	17 697	26	18 760 508.2	121 255.7	18 208 731.1	430 521.4	—	21 045	52 545 107	24 277	355 903.3	5 513.7	342 075.6	8 314
浙江省	24 499	4	24 495	0	17 239 113.1	0	17 239 058.7	54.4	—	0	32 320 821	0	1 195 305.2	0	1 195 305.2	0
安徽省	16 241	2	16 217	22	7 535 742.1	38.8	7 534 675.7	1 027.6	—	605	56 241 929	177	24 711.5	220	24 410.8	80.8
福建省	15 042	71	14 968	3	10 085 671.8	47 047.8	9 146 182.2	892 441.8	—	25 939	29 520 412	0	88 486.4	265.8	88 220.6	0
江西省	20 282	2 562	17 685	35	3 515 840.4	105 039.4	3 401 362.6	9 438.4	—	539 593	37 078 761	389 798	21 977.5	2 407.3	19 268.4	301.7
山东省	87 619	1 441	86 165	13	32 268 912.7	180 440.1	32 088 472.6	0	—	849 126	73 936 087	9 110	295 908.5	1 196.8	294 711.7	0
河南省	49 235	212	48 988	35	15 069 427.5	734 074.4	14 262 034.7	73 318.4	—	70 249	92 247 802	803 001	159 279.5	20 919.2	138 193.6	166.6
湖北省	24 025	106	23 909	10	12 988 722.1	107 891	12 880 831.1	0	—	28 192	41 377 903	0	45 257.7	194.1	45 063.5	0
湖南省	26 809	407	26 397	5	5 206 122.9	401 104.5	4 737 247.5	67 770.9	—	89 675	55 620 118	21 418	90 169.5	6 587.6	82 342.4	1 239.6
广东省	242 848	219 693	22 879	276	66 639 000	25 695 998.4	40 943 001.6	0	—	37 729 439	39 393 793	118	4 250 792	2 777 141.2	1 473 650.8	0

续 表

地区	完成产权制度改革的单位数				改革时点量化资产总额				确认成员数				本年股金分红总额			
	合计	组级	村级	镇级	合计	组级	村级	镇级	合计	组级	村级	镇级	合计	组级	村级	镇级
广西壮族自治区	21 561	6 409	15 152	0	4 651 162.3	985 492.9	3 664 827.1	842.3	—	1 013 035	44 994 508	0	25 803.5	11 885.8	13 917.7	0
海南省	27 147	24 227	2 920	0	729 292	376 111.8	351 546.2	1 634	—	5 105 091	5 607 378	0	117.4	3.6	113.8	0
重庆市	22 719	13 715	9 001	3	2 503 661.5	652 382.8	1 850 738.7	540	—	4 396 039	23 719 939	18 934	16 233.1	4 617.8	11 615.3	0
四川省	49 124	18 745	30 351	28	10 831 091.2	2 229 258.9	8 411 313.1	190 519.1	—	4 927 527	65 181 857	163 414	42 275.3	6 561.6	35 678.1	35.6
贵州省	18 123	1 313	16 755	55	5 968 797.8	589 136	5 325 178	54 483.8	—	419 741	34 513 417	1 319 468	52 354	5 453.7	40 754.3	6 145.9
云南省	91 971	79 384	12 584	3	8 802 795.8	5 528 534.8	3 274 043.1	218	—	20 072 502	23 516 256	12	243 032	188 718.3	54 313.8	0
西藏自治区	5 930	785	5 144	1	1 629.5	149.8	1 479.7	0	—	140 718	2 170 158	244	110.5	0	110.5	0
陕西省	20 424	1 673	18 655	96	13 442 620	822 086.5	12 554 560	65 973.5	—	654 942	28 877 743	139 309	128 857.9	14 252.8	114 588.5	16.6
甘肃省	16 235	175	16 055	5	2 792 272	69 043.7	2 688 049.9	35 178.4	—	63 654	19 740 737	34 159	16 987.5	4 093.3	12 894.2	0
青海省	4 169	11	4 156	2	842 551.5	86.5	828 176.7	14 288.3	—	12 784	4 019 502	0	17 037.7	0	17 037.7	0
宁夏回族自治区	2 224	0	2 217	7	577 675.5	0	577 475.5	200	—	0	4 213 325	0	3 234.8	0	3 234.8	0
新疆维吾尔自治区	8 940	66	8 873	1	2 239 091.7	35 447.2	2 203 644.6	0	—	34 370	10 982 822	0	6 553.9	150.9	6 403	0

表3-16 2021年中国各地区农村集体资产财务管理情况（二）

单位：个，万元

地区	本年集体分红总额				累计分红总额				累计集体分红金额				上缴税费总额			
	合计	组级	村级	镇级	合计	组级	村级	镇级	合计	组级	村级	镇级	合计	组级	村级	镇级
全国	639 199.6	110 629	512 020.3	16 550.3	48 467 294.8	15 693 485.3	32 074 858.7	698 950.8	7 180 638	3 161 959	3 896 523.4	122 155.6	1 020 536.9	122 574.1	749 655	148 307.7
北京市	52 103.4	0	36 478.9	15 624.6	5 528 224.8	0	5 238 571.8	289 653	795 658	0	707 567.7	88 090.3	280 044.3	0	166 755.2	113 289.1
天津市	2 910.4	0	2 910.4	0	262 177.9	0	262 177.9	0	5 987.6	0	5 987.6	0	5 498.9	0	5 498.9	0
河北省	396.6	0	396.6	0	473 275.2	253.5	472 969.1	52.6	6 898.1	186.4	6 711.7	0	2 105.1	20	2 085.1	0
山西省	5 061.3	0	5 061.3	0	110 806.6	5 292.7	105 513.9	0	4 164.6	3 056	1 108.7	0	5 773.5	0.2	5 773.2	0
内蒙古自治区	332.3	0	332.3	0	5 727.7	0	5 727.7	0	700.6	0	700.6	0	46.4	0	46.4	0
辽宁省	2 485.8	0	2 485.8	0	133 935.7	0	126 646.2	7 289.4	1 460.7	0	1 460.7	0	3 083.9	0	3 083.9	0
吉林省	169.3	1.4	167.9	0	1 454.8	7	1 447.8	0	295	1.4	293.7	0	430.6	0	430.6	0
黑龙江省	2 158.6	0	2 158.6	0	56 520.9	24.7	56 496.1	0	8 540.1	2.5	8 537.6	0	59.1	0	59.1	0
上海市	3 220.2	0	3 220.2	0	1 597 445.8	0	1 289 455.5	307 990.3	182 261.2	0	151 391.2	30 870	94 167.8	0	59 172.1	34 995.7
江苏省	13 066.4	375.3	12 456	235.1	2 273 114	49 012.9	2 172 487.4	51 613.6	139 551.7	2 878.8	135 319.9	1 353.1	47 357.5	0	47 357.5	0
浙江省	15 972.6	0	15 972.6	0	7 118 028.6	0	7 118 028.6	0	65 933	0	65 933	0	94 959.5	0	94 959.5	0
安徽省	2 114	220	1 894	0	70 160.4	220	69 859.6	80.8	5 639.6	20	5 619.6	0	1 237.6	0	1 237.6	0
福建省	3 736.2	0	3 736.2	0	260 210.6	378	259 832.6	0	21 255.2	0	21 255.2	0	14 112.5	58	14 054.5	0
江西省	4 137.5	695.7	3 191.8	250	41 385.1	6 680.8	34 266.4	438	8 043.7	1 018.9	6 714.9	310	10 106.3	3	10 094.3	9
山东省	10 860.9	13.6	10 847.3	0	1 080 445	1 828.6	1 078 616.4	0	55 626.1	13.6	55 612.5	0	52 477.9	1	52 477	0
河南省	12 294.1	54.5	12 208.2	31.4	492 623.4	80 236.6	409 243.4	3 143.4	30 053.2	33.8	29 264	755.4	6 390.1	1 206	5 183.9	0.2
湖北省	3 787.4	5.6	3 781.8	0	166 989.3	1 357.9	165 631.4	0	10 385.1	10.5	10 374.6	0	3 804.4	2.5	3 801.9	0
湖南省	8 958.8	2 531.6	6 055.3	371.9	195 477	7 586	184 928.1	2 962.9	7 304.5	2 525.2	4 035.6	743.7	2 442.2	452.2	1 990	0
广东省	452 737.5	95 976.2	356 761.3	0	27 003 864.4	14 741 513.1	12 262 351.4	0	5 748 299.6	3 138 018.8	2 610 280.8	0	366 770.3	112 850.7	253 919.6	0

续　表

地区	本年集体分红总额				累计分红总额				累计集体分红金额				上缴税费总额			
	合计	组级	村级	镇级	合计	组级	村级	镇级	合计	组级	村级	镇级	合计	组级	村级	镇级
广西壮族自治区	1 227.6	315.8	911.8	0	139 447.4	77 801.3	61 646.1	0	1 655.3	275.8	1 379.6	0	6 068.7	711.1	5 357.6	0
海南省	18.9	3.4	15.4	0	1 387.2	3.6	1 383.6	0	12	0	12	0	0	0	0	0
重庆市	3 137.7	66.9	3 070.8	0	34 452.5	6 364.5	28 088	0	3 691.1	350.3	3 340.8	0	638.2	0	638.2	0
四川省	1 578	108.6	1 469.4	0	156 514.8	34 976.3	85 933.9	35 604.6	8 131.5	209.5	7 922	0	1 058.2	0	1 058.2	0
贵州省	13 419.1	3 019	10 367.9	32.3	105 390.5	7 492.6	97 819.8	78.1	20 544.2	61.5	20 449.7	33	11 169.6	3 106.9	8 048.8	13.9
云南省	13 068.4	7 086.9	5 981.4	0	732 170.8	630 825.5	101 345.3	0	25 175.2	12 648.1	12 527.1	0	4 688.9	3 704.5	984.4	0
西藏自治区	0	0	0	0	2.4	1.2	1.2	0	1.6	1.2	0.4	0	0	0	0	0
陕西省	6 334.5	78.3	6 251.2	5	331 769.1	41 110.4	290 614.6	411	17 185	596.9	16 588	0	1 627.3	22.1	1 605.2	0
甘肃省	664.8	26.2	638.6	0	43 750.4	47.3	43 703.1	0	843.9	0	843.9	0	1 199.4	436.1	763.3	0
青海省	2 127.9	0	2 127.9	0	17 125.9	0	17 125.9	0	1 123.2	0	1 123.2	0	45.6	0	45.6	0
宁夏回族自治区	636	0	636	0	16 777.8	0	16 777.8	0	2 050.4	0	2 050.4	0	181.3	0	181.3	0
新疆维吾尔自治区	483.5	50	433.5	0	16 638.8	470.9	16 167.9	0	2 166.9	50	2 116.9	0	2 991.9	0	2 991.9	0

表3-17　2021年中国各地区农村集体资产财务管理情况（三）

单位：个，万元

地区	实行财务公开村数	建立村民主理财小组的村数	实行村会计委托代理制的乡镇数	涉及村数	实行会计电算化的村数	已审单位数	违纪单位个数	已审单位资金总额	违纪金额	退赔金额	贪污案件数	万元以上贪污案件数	贪污金额总额	受处分人数	受刑事处理人数	已成立审计机构的县数	已配备审计人员数	持审计证人员数	村干部任期和离任审计数	土地补偿费专项审计数
全国	556 306	557 176	34 756	511 120	468 289	415 682	2 480	260 801 963.5	14 500.7	4 135.8	43	25	172.9	1 089	50	1 976	70 618	27 806	308 659	232 539
北京市	3 983	3 964	187	3 882	3 983	8 502	0	59 155 561.9	0	0	0	0	0	0	0	14	890	479	1 467	363
天津市	3 623	3 624	154	3 622	3 624	2 625	12	3 723 700.7	2	2.5	0	0	0	4	0	2	1 123	371	2 206	315
河北省	49 700	49 188	2 020	45 625	37 703	31 668	124	8 085 250.3	1 681	67.2	0	0	0	26	9	145	4 799	2 148	26 041	916
山西省	25 441	25 340	1 218	24 957	23 343	23 244	166	15 630 908.6	652.5	247.1	0	0	0	67	1	67	3 783	2 935	19 305	669
内蒙古自治区	11 178	10 933	681	8 467	6 527	4 302	33	579 665.3	336.9	2.7	0	0	0	0	0	19	414	186	3 069	56
辽宁省	12 268	12 297	1 009	11 399	9 980	7 130	5	1 698 988.7	23.8	22.7	0	0	0	10	1	35	1 686	536	5 082	222
吉林省	9 332	9 288	756	9 094	9 141	5 464	52	1 309 618.1	108.9	1.9	0	0	0	3	0	36	1 342	965	5 301	304
黑龙江省	8 992	8 878	49	417	4 603	6 087	100	1 283 453.9	195	77.7	0	0	0	127	0	64	1 219	475	4 394	105
上海市	1 556	1 556	117	1 566	1 562	2 913	0	13 327 957.6	0	0	0	0	0	0	0	6	263	121	1 406	38
江苏省	17 009	17 748	1 017	14 630	16 850	12 425	152	10 539 920.9	806.7	196.5	5	0	0	148	4	151	3 059	803	6 541	545
浙江省	23 286	23 137	1 316	23 252	23 287	12 758	339	35 992 720.6	3 114.7	974.1	1	0	2.4	29	2	32	1 164	485	2 989	68
安徽省	16 109	16 078	1 452	15 882	16 076	11 435	47	2 018 914.8	176.2	222.4	0	0	0.2	30	0	48	893	603	8 454	415
福建省	15 263	15 241	1 091	15 194	15 205	14 560	112	18 600 983.5	227.3	246.7	0	0	0	1	0	35	2 260	843	14 300	394
江西省	17 688	20 797	1 538	17 054	16 307	12 329	12	1 762 494	44.7	50.8	1	1	0	20	0	96	2 510	613	9 872	406
山东省	82 349	82 303	1 747	81 749	80 673	73 705	272	24 666 248.6	451.4	216.1	3	1	0.5	137	1	126	6 169	5 142	54 802	3 263
河南省	48 914	51 388	2 462	45 473	39 190	19 669	92	4 315 127.5	452.5	48.9	3	2	3.5	39	0	112	2 933	1 624	14 594	997
湖北省	23 804	23 771	1 179	23 548	23 423	20 272	221	6 115 221.2	2 041	456.5	3	3	8.9	166	13	67	3 383	2 147	16 543	1 494

续　表

地区	实行财务公开村数	建立村民主理财小组的村数	实行村会计委托代理制的乡镇数	涉及村数	实行会计电算化的村数	已审单位数	违纪单位个数	已审单位资金总额	违纪金额	退赔金额	贪污案件数	万元以上贪污案件数	贪污金额总额	受处分人数	受刑事处理人数	已成立审计机构的县数	已配备审计人员数	持审计证人员数	村干部任期和离任审计数	土地补偿费专项审计数
湖南省	26 298	25 911	2 306	25 523	24 554	18 334	286	3 387 658	792.8	614.8	21	15	35.6	125	4	131	6 105	1 455	12 712	847
广东省	21 045	19 609	1 459	16 871	16 277	23 619	116	30 306 665.9	202	155.6	2	0	120.8	31	0	94	4 561	1 850	4 448	1 548
广西壮族自治区	15 102	13 635	1 268	13 776	9 597	7 830	7	648 499.5	5.9	8.5	0	0	0	25	2	39	2 623	239	6 155	123 686
海南省	1 983	3 058	290	1 781	1 439	872	5	45 251	50.6	40.9	0	0	0	12	0	2	187	18	1 571	176
重庆市	9 196	9 196	925	9 033	8 872	5 821	5	1 816 067.9	4.1	8.9	0	0	0	5	0	14	2 090	265	9 447	246
四川省	29 347	29 541	2 715	26 864	21 456	15 950	37	1 859 475.9	247.9	79.9	1	1	0	23	1	93	3 584	810	18 259	1 197
贵州省	16 243	15 921	1 718	13 206	7 451	12 452	76	1 724 061.4	74	133.9	0	0	0	16	3	133	4 461	634	25 548	73 572
云南省	13 715	17 756	1 399	13 845	9 875	29 526	5	1 432 745.6	11.8	25.8	0	0	0	4	3	40	2 749	519	10 453	104
西藏自治区	3 834	1 064	183	913	381	915	1	17 574.2	0	0	0	0	0	1	0	118	710	100	1 110	20 057
陕西省	17 706	16 206	1 179	14 246	9 021	13 799	20	2 936 032.2	1 014.7	19.8	2	1	0	11	2	128	1 660	858	9 649	244
甘肃省	16 081	14 915	1 804	14 765	16 093	7 943	2	993 105.6	0.6	0	0	0	0	0	0	69	2 431	283	5 227	112
青海省	4 094	3 669	456	3 319	2 195	2 186	0	318 386.8	0	0	0	0	0	0	0	4	225	45	901	19
宁夏回族自治区	2 237	2 234	205	2 237	2 237	1 015	0	393 167.2	0	0	0	0	0	0	0	22	235	102	324	77
新疆维吾尔自治区	8 930	8 930	856	8 930	7 364	6 332	181	6 116 536.1	1 781.5	213.9	1	1	1	29	4	34	1 107	152	6 489	84

表3-18　2021年中国各地区村集体经济组织收益分配情况（一）

单位：万元

地区	总收入	经营收入	发包及上交收入	投资收益	补助收入	其他收入	总支出	经营支出	管理费用	干部报酬	报刊费
全国	66 849 141.6	24 093 254	8 611 261.9	2 941 815.3	16 147 078.6	15 055 731.8	44 588 149.4	9 930 642.2	13 688 504.5	4 265 932	144 551.2
北京市	4 466 781.4	3 328 440.5	112 345.2	261 183.8	235 998.9	528 813	4 403 534.2	3 122 530.8	1 102 228.3	0	0
天津市	571 403.3	183 844.7	139 044.7	33 762.7	80 528.5	134 222.7	503 746.5	89 486.5	154 684.7	34 425.3	713.4
河北省	2 238 533.4	524 276.6	423 006.7	45 723.5	448 995.4	796 531.2	1 858 390.6	346 463.7	426 468.3	70 747.1	10 628
山西省	1 837 754.8	560 108.7	241 715.3	56 543.7	409 066.1	570 320.9	1 500 492.6	415 224	353 944.1	111 040.6	8 091.5
内蒙古自治区	577 638.4	98 898.3	84 202.3	24 366.6	160 659	209 512.3	447 082.6	64 345.6	149 557.4	45 527.7	996.6
辽宁省	517 363.4	61 193.7	160 830.3	27 860.5	147 645.3	119 833.6	500 736.6	28 038.7	227 178.4	81 804.8	2 495.6
吉林省	390 610.7	31 864	146 753.3	8 449.8	135 306.6	68 237	344 835.3	20 285.4	127 166.1	66 219.5	790.3
黑龙江省	680 808.8	82 413	319 738.1	3 308.4	142 553.5	132 795.8	612 431.2	67 530.1	131 500.3	65 955.4	1 141.7
上海市	1 463 746.6	835 369.5	43 910.4	106 081.2	215 818	262 567.6	1 017 888.1	347 183.3	233 339.2	41 049.1	226.1
江苏省	5 369 912.4	1 649 380.3	708 440.9	455 104.2	1 668 595.5	888 391.6	3 976 297.1	318 263.9	1 327 967.4	743 987.9	16 973.8
浙江省	7 064 264.1	3 493 551.9	384 848.9	530 967.5	1 925 137.1	729 758.8	2 928 991	555 152.5	1 303 543	341 032	9 680.4
安徽省	1 628 173.4	340 317.7	127 615.8	57 438	719 096	383 705.8	1 170 929.4	155 791.3	339 309.4	139 301.5	2 012.3
福建省	1 801 387	448 733.1	127 022.3	57 975.5	929 458.7	238 197.5	1 469 606.5	114 910.8	484 693.4	189 601.3	9 700.7
江西省	1 352 782.7	297 070.9	82 057.8	13 763	601 212.4	358 678.7	1 126 571.1	107 949.3	467 896.4	193 883.8	7 341.1
山东省	6 568 318.3	2 093 179	1 232 542	195 857.2	1 056 501.1	1 990 239	5 073 451.8	1 166 518.3	1 222 246.3	407 536.3	11 997.2
河南省	2 664 280.6	712 749.7	347 785.2	108 767.7	803 405.8	691 572.3	2 218 778	406 251.6	618 602.5	211 160.5	7 721.5
湖北省	2 698 377.1	454 524.7	235 767.9	62 983.2	1 034 701.1	910 400.2	2 033 702.1	227 328.1	473 227.1	265 298.6	5 630.4
湖南省	3 151 612.9	264 339	87 872.7	29 853.5	2 301 364.7	468 183.1	2 757 435.8	115 689.8	660 893.5	268 219.8	3 386.3
广东省	13 504 459.9	6 955 283.5	2 496 675.2	473 290.8	923 218.1	2 655 992.3	5 203 116.8	1 506 270.5	212 881L6	366 922.2	13 301.7

续 表

地区	总收入	经营收入	发包及上交收入	投资收益	补助收入	其他收入	总支出	经营支出	管理费用	干部报酬	报刊费
广西壮族自治区	432 826.3	115 246.2	68 650.7	75 553.8	93 931.9	79 443.8	211 919.4	58 073.2	78 172.4	29 820.2	946.6
海南省	281 680.9	51 271.1	41 710	4 690.5	115 756.6	68 252.6	190 157.8	12 409.2	52 483.3	4 114	247.6
重庆市	571 484.5	143 408.8	26 875.6	19 038.9	192 989.9	189 171.3	435 916.3	78 953.8	133 294.5	57 546	2 075.6
四川省	1 403 425.7	200 462.5	115 528.6	28 901.5	558 883.2	499 650	1 047 979.2	85 502.3	352 258.9	182 453.5	8 178.1
贵州省	1 323 873.9	393 564.9	16 749.8	31 070.4	135 531.6	746 957.3	420 426.6	192 309.4	100 889.9	55 052.5	1 422.3
云南省	1 641 513.6	261 213.5	292 390.6	42 643.9	460 833.3	584 432.3	1 305 444.7	86 440	404 164	92 402	3 273.4
西藏自治区	54 736.2	29 804.8	1 282.4	877.6	2 194.2	20 577.3	29 070.8	14 665.3	4 616.4	776.7	53.6
陕西省	1 019 936.8	257 261.3	124 532.5	58 982.7	215 976.5	363 183.7	562 516.9	105 502.7	116 287.6	56 663.8	4 531.2
甘肃省	451 361.2	78 836.6	31 606.6	69 017	157 854.3	114 046.7	357 426.6	30 195	150 336.9	36 554.6	1 321.5
青海省	191 852.1	22 155.3	9 860.6	37 686.6	63 298	58 851.5	101 361.1	5 845.6	55 833.5	18 992.7	485
宁夏回族自治区	184 968.5	51 402.2	8 747.1	14 085.7	84 598.5	26 135	143 240.1	28 838.1	48 798.5	34 592.6	345.6
新疆维吾尔自治区	743 272.4	73 088.1	371 152.4	5 985.8	125 969.1	167 076.9	634 672.3	56 693.4	258 111.0	53 249.8	8 841.9

表3–19　2021年中国各地区村集体经济组织收益分配情况（二）

单位：万元

地区	其他支出	本年收益	年初未分配收益	其他转入	可分配收益	提取公积金、公益金	提取应付福利费	外来投资分利	农户分配	其他分配	年末未分配收益
全国	20 969 002.7	22 260 992.3	13 318 266.8	2 797 362.7	38 376 621.8	8 099 250.4	3 860 683.6	68 990.6	8 149 337.2	1 170 702.4	17 027 657.6
北京市	178 775.1	63 247.2	–1 765 529	434 189.7	–1 268 092.1	146 485.7	922.2	2 476.3	504 748.4	36 478.9	–1 959 203.6
天津市	259 575.3	67 656.8	62 299.6	11 133.1	141 089.5	8 232.9	38 699.4	0	7 739.1	27.6	86 390.6
河北省	1 085 458.6	380 142.8	158 817.9	109 815.6	648 776.3	310 385.4	61 983.5	3 743.9	62 925.3	37 089.6	172 648.7
山西省	731 324.4	337 262.2	4 031.8	55 996.6	397 290.6	224 229.6	89 454.6	222	64 711.3	20 224.1	–1 551
内蒙古自治区	233 179.6	130 555.8	164 321.7	38 468.9	333 346.3	71 947.1	3 099.6	83.6	12 431.1	12 752.2	233 032.8
辽宁省	245 519.5	16 626.8	–812 024.4	11 313.5	–784 084.2	79 805.5	11 341.9	224.5	9 294.3	4 144.5	–888 895.0
吉林省	197 383.8	45 775.4	31 294.2	–191.8	76 877.9	28 252.6	826.1	0	854.4	6 282.7	40 662.2
黑龙江省	413 400.9	68 377.5	–39 249.7	37 594.4	66 722.3	77 397.7	3 712.1	117.8	4 748.1	6 837.8	–26 091.1
上海市	437 365.6	445 858.6	1 032 646.9	18 004.4	1 496 509.8	81 671.1	21 965.4	1 617.7	128 887.7	40 289.7	1 222 078.2
江苏省	2 330 065.7	1 393 615.3	668 644.1	309 730.7	2 371 990.1	1 092 357.1	143 371.6	154.9	290 164.2	88 006.8	757 935.5
浙江省	1 070 295.5	4 135 273.1	1 615 943.8	264 732.1	6 015 949	1 673 150.7	1 283 710	839.3	903 042.6	52 009.2	2 103 197.2
安徽省	675 828.7	457 244	843 563.1	35 171.6	1 335 978.7	85 752.7	17 675.4	1 752.9	27 436.1	23 508.8	1 179 852.8
福建省	870 002.3	331 780.5	419 187.8	119 268.6	870 236.9	192 309	161 008.4	931.8	46 778	13 413.1	455 796.6
江西省	550 725.4	226 211.6	425 620.9	93 130.2	744 962.7	74 584.9	7 406.4	901.4	16 215.2	13 192	632 662.9
山东省	2 684 687.2	1 494 866.5	681 089	306 846.5	2 482 802	1 018 570	362 518.7	1 831.9	250 683.7	105 023.7	744 174
河南省	1 193 923.9	445 502.6	749 632.3	147 885.4	1 343 020.3	246 616.6	92 843.7	3 163.7	81 166.5	23 084.3	896 145.5
湖北省	1 333 146.8	664 675	474 286.6	55 338.7	1 194 300.3	469 077.7	22 347.2	4 284.8	46 901.9	35 973.3	615 715.4
湖南省	1 980 852.5	394 177	757 720	92 832.6	1 244 729.6	146 550.6	3 119.3	569.9	16 440.6	16 415.3	1 061 633.9
广东省	1 568 034.7	8 301 343.1	2 613 183.6	385 884.7	11 300 411.5	1 209 248.8	1 469 600.9	39 285.5	5 139 859	456 687	2 985 730.2

续 表

地区	其他支出	本年收益	年初未分配收益	其他转入	可分配收益	提取公积金、公益金	提取应付福利费	外来投资分利	农户分配	其他分配	年末未分配收益
广西壮族自治区	75 673.8	220 906.9	197 880.9	15 440.7	434 228.6	37 169.8	5 170.6	685.9	45 678	18 787.2	326 737
海南省	125 265.3	91 523.1	230 737.5	1 192.8	323 453.5	4 600.5	395.8	297.4	2 844.7	−2 377.9	317 693.1
重庆市	223 668.1	135 568.2	307 361.1	6 748.6	449 677.9	70 371.8	10 196.6	1 110.3	29 456.4	4 593.8	333 948.9
四川省	610 218.1	355 446.5	559 236.3	50 701.4	965 384.2	179 261.4	12 314	1 205.1	52 308.5	37 735.3	682 559.9
贵州省	127 227.4	903 447.2	119 586.9	15 887.3	1 038 921.4	31 345.4	3 201.9	1 284.9	56 160.7	33 188.5	913 740
云南省	814 840.7	336 068.9	1 230 566.4	104 348	1 670 983.3	259 513.3	13 468.2	278.3	150 292.5	51 739.7	1 195 691.3
西藏自治区	9 789.2	25 665.4	42 224.7	77.8	67 967.9	71.8	82.6	31.2	3 849.7	171.4	63 761.2
陕西省	340 726.6	457 419.9	834 153.8	17 239.6	1 308 813.3	58 479.6	8 656.3	1 147.9	166 043.9	30 698.2	1 043 787.4
甘肃省	176 894.7	93 934.6	317 879.8	10 572.6	422 386.9	11 426.2	1 345.6	257.7	8 852.8	1 965.8	398 538.7
青海省	39 682	90 491	87 281.1	21 506.5	199 278.6	63 446.3	3 426.1	120	10 905.2	−1 077.7	122 458.7
宁夏回族自治区	65 603.5	41 728.4	85 200.1	904.3	127 832.8	13 697.2	173.7	2.1	1 543	600.4	111 816.5
新疆维吾尔自治区	319 867.9	108 600	1 220 678.2	25 597.4	1 354 875.7	133 241.5	6 645.7	367.9	6 374.5	3 237	1 205 009.1

表3-20　2021年中国各地区村集体经济组织收益分配情况（三）

单位：个，万元，宗，亩

地区	汇入本表村数	当年无经营收益的村	当年有经营收益的村	5万元以下的村	5万～10万元的村	10万～50万元的村	50万～100万元的村	100万元以上的村	当年扩大再生产支出	当年公益性基础设施建设投入	各级财政投入	获得一事一议奖补资金	当年村组织支付的公共服务费用	农村集体建设用地出租出让宗数	农村集体建设用地出租出让面积	农村集体建设用地出租出让的收入
全国	547 075	115 469	431 606	107 610	118 907	152 571	26 509	26 009	1 655 012.6	7 981 268.7	5 064 177.9	722 847	2 875 181.8	818 772	4 794 559.3	4 685 375.8
北京市	3 992	1 806	2 186	341	149	672	304	720	101 731.7	33 800.5	15 476.4	199.6	54 624.9	2 603	26 918.1	145 915.5
天津市	3 624	2 079	1 545	433	203	472	130	307	32 216.6	10 422	5 381.7	8.2	43 485.1	1 821	19 350.2	17 869.1
河北省	46 669	9 021	37 648	17 513	10 631	7 183	1 317	1 004	7 871.4	171 010.3	124 975.8	46 108	33 797.4	3 104	314 927.1	32 310.6
山西省	26 121	9 815	16 306	5 018	4 295	5 640	770	583	761L3	88 049.5	53 912.2	36 373.3	18 220.3	3 015	38 962.5	12 008.6
内蒙古自治区	11 175	4 391	6 784	1 727	2 090	2 392	355	220	1 621.8	24 021	11 177.6	5 619.9	3 274.2	18	288	84.1
辽宁省	12 273	4 036	8 237	2 044	3 554	2 138	306	195	1 476.2	70 414.1	56 794.8	56 000.2	16 266.1	830	17 163.2	12 219.8
吉林省	9 276	2 627	6 649	914	2 101	2 986	485	163	11 014.6	30 485.2	17 998.7	1 719	19 008	1 548	1 347.1	1 711.4
黑龙江省	8 991	2 957	6 034	762	863	3 167	848	394	1 378.2	48 397.6	6 636.4	612.9	16 949.6	88	12 982.2	1 519.8
上海市	1 671	263	1 408	76	52	335	187	758	45 501.4	23 032.6	439.7	0	60 677.2	4 533	302 906	649 668.7
江苏省	16 994	4 680	12 314	878	842	4 951	2 711	2 932	102 248.1	667 433.3	229 884.7	33 578.7	365 121.3	38 588	2 109 608.5	319 978
浙江省	23 218	4 762	18 456	1 390	1 676	7 242	2 700	5 448	473 635.4	1 502 071.6	766 078.2	104 445.4	734 832.7	25 180	119 907.1	597 362
安徽省	16 125	170	15 955	510	2 373	9 802	2 769	501	47 273	737 773.1	548 291.4	65 825	32 344.1	815	17 830	14 075.3
福建省	15 229	8 254	6 975	1 109	942	3 730	664	530	39 620.6	502 633.3	335 209.1	54 565.5	97 501.3	3 404	121 113	26 524.9
江西省	17 045	91	16 954	916	4 247	10 584	902	305	14 556.6	175 381.6	137 065.8	12 778.4	26 854.7	15 501	42 940.5	3 801.5
山东省	81 438	10 700	70 738	11 695	14 831	33 862	5 672	4 678	84 198.8	502 974.3	212 233.6	15 612.8	140 060.4	6 865	103 811.7	107 546.1
河南省	48 923	10 503	38 420	13 813	13 159	9 518	1 052	878	21 825.6	329 262.4	205 498.2	9 743	41 328	3 576	28 894.7	21 512.5
湖北省	23 802	884	22 918	1 660	5 107	14 751	843	557	37 702.5	577 816.3	402 755.1	49 612.6	36 603.7	462 813	247 069	12 961.2

续 表

地区	汇入本表村数	当年无经营收益的村	当年有经营收益的村	5万元以下的村	5万～10万元的村	10万～50万元的村	50万～100万元的村	100万元以上的村	当年扩大再生产支出	当年公益性基础设施建设投入	各级财政投入	获得一事一议奖补资金	当年村组织支付的公共服务费用	农村集体建设用地出租出让宗数	农村集体建设用地出租出让面积	农村集体建设用地出租出让的收入
湖南省	26 193	1 287	24 906	5 181	13 944	5 194	384	203	54 183.4	590 567.4	501 325.6	28 434.1	74 556.3	22 943	43 688.9	21 960.2
广东省	21 418	12 675	8 743	1 388	1 275	1 862	728	3 490	466 824.3	716 073.2	189 318.8	1 660.8	891 797.1	44 033	693 335.6	2 555 800.6
广西壮族自治区	14 254	905	13 349	1 427	7 698	3 698	362	164	21 164.3	195 707.5	185 168	92 186.8	10 420.4	44 417	326 014.3	16 134.9
海南省	1 630	976	654	382	110	118	11	33	135.3	6 402.9	5 904.3	282.3	387.8	470	5 372.2	54.7
重庆市	9 185	1 197	7 988	2 800	2 241	2 483	311	153	4 322	149 690.3	132 786.2	20 841.4	8 852.4	2 268	11 909.6	2 489.3
四川省	28 894	5 890	23 004	16 448	3 979	2 208	245	124	25 583.7	349 631.4	315 401.9	31 586.2	85 925.2	1 135	25 171.4	27 780.1
贵州省	15 637	4 824	10 813	2 827	3 590	3 375	646	375	13 042.5	70 042.9	65 129.3	16 378.2	6 708.3	125 506	60 149.4	4 250.7
云南省	13 715	3 408	10 307	1 774	4 968	3 109	265	191	4 786	146 960.7	91 972.9	3 568.7	23 922.3	1 892	14 420.2	32 271.9
西藏自治区	541	242	299	133	55	77	15	19	1 466.8	46	0	0	194.8	20	25 729	1 376.1
陕西省	17 824	335	17 489	6 858	5 806	3 633	635	557	15 413	165 803.4	162 016.4	18 458.1	8 051	829	27 845.4	31 689.6
甘肃省	16 054	2 927	13 127	5 652	4 667	2 574	178	56	12 872.3	46 058.2	37 938	5 097.4	5 582.4	92	2 526.3	2 449.1
青海省	3 996	947	3 049	630	1 053	1 242	86	38	170.3	7 510.4	7 829.3	356.4	1 616.1	428	3 246.6	4 819.8
宁夏回族自治区	2 238	163	2 075	200	729	1 010	99	37	1 769.2	17 347.2	15 364.7	10 808.9	3 368	57	6 199.4	522.5
新疆维吾尔自治区	8 930	2 654	6 276	1 111	1 677	2 563	529	396	1 795.6	24 448.4	224 213.1	385.1	12 850.8	380	22 932.5	6 707.2

表3–21　2021年中国各地区村集体经济组织资产负债情况（一）

单位：万元

地区	流动资产合计	货币资金	短期投资	应收款项	存货	农业资产合计	牲畜（禽）资产	林木资产	长期资产合计	长期股权投资
全国	346 964 398.6	161 987 884.4	8 794 422.4	132 296 048.4	43 886 043.4	16 093 037.2	389 028.1	15 704 009.1	45 055 845.4	32 531 256.3
北京市	72 261 010.4	24 259 430.1	1 240 613.3	18 831 448.5	27 929 518.5	32 120.3	211.7	31 908.5	6 106 316.8	3 928 647.9
天津市	6 786 737.3	1 123 287.1	56 755.2	5 112 492	494 203.1	29 501.8	0.5	29 501.3	954 724.4	350 371.4
河北省	11 962 506.6	5 656 613.3	122 723.1	5 024 324.2	1 158 845.9	2 458 978.2	1 631	2 457 347.3	824 870.1	563 701
山西省	11 156 289.8	3 044 946	184 769.3	7 422 844.1	503 730.5	1 331 416.1	10 493	1 320 923.1	1 044 498	601 138
内蒙古自治区	2 601 002.4	931 700.5	25 282	1 619 637.6	24 382.3	264 456.6	98 399.6	166 057	203 390.3	115 861.7
辽宁省	5 624 431.4	2 125 790.9	54 307.9	3 305 638.3	138 694.3	205 187.7	2 850.1	202 337.7	396 326.7	235 812.3
吉林省	3 018 095.8	1 373 412.8	24 596.5	1 570 147	49 939.5	30 573.2	7 014.6	23 558.6	244 045	151 417.9
黑龙江省	3 424 595.8	1 338 907.3	83 521.1	1 978 700.5	23 466.8	208 804	15 576.8	193 227.2	161 809.3	97 342.5
上海市	36 502 460.7	10 541 799	422 386	17 951 940.7	7 586 335.1	8 024.4	0.9	8 023.5	6 625 719.1	6 375 276
江苏省	25 754 672.2	7 991 370.8	2 167 867.3	14 432 473.6	1 162 960.4	120 606.5	64.7	120 541.8	5 414 139.2	3 024 197.7
浙江省	30 460 593.9	20 224 296.9	1 145 278.2	8 947 096.9	143 921.9	312 600.7	246.5	312 354.2	5 241 215.7	3 721 094.2
安徽省	3 213 961.2	2 218 725.1	79 051.3	906 315.4	9 869.4	469 019.8	1 230.1	467 789.8	688 817.4	498 038.2
福建省	6 922 862.7	5 168 057.6	101 005.1	1 647 077.4	6 722.6	571 663.7	167.8	571 495.9	760 806.9	459 633
江西省	4 189 099.3	2 398 700.6	47 928.5	1 710 511.1	31 959.1	536 482.1	484.7	535 997.4	373 372.1	302 297.5
山东省	31 909 774.3	9 252 507.4	396 954.9	19 037 618.2	3 222 693.9	300 808.7	2 779.3	298 029.4	3 281 084.9	2 415 870.5
河南省	7 109 314.7	3 290 833	120 889.5	3 274 371.4	423 220.7	406 293.3	3 194	403 099.3	1 111 219.6	657 912.9
湖北省	60 230 110	3 406 981.6	54 263.2	2 533 194	28 573.2	741 535.5	1 733.9	739 801.6	736 561.5	472 851.6
湖南省	4 168 614.2	2 559 504	29 863.4	1 557 717.7	21 529.1	1 076 719.2	4 728.7	1 071 990.6	287 978.5	213 092.4

续 表

地区	流动资产合计	货币资金	短期投资	应收款项	存货	农业资产合计	牲畜（禽）资产	林木资产	长期资产合计	长期股权投资
广东省	48 779 235	37 825 323	1 753 825.3	8 748 782	451 304.7	273 247.7	882.1	272 365.6	5 654 507.7	4 505 351.2
广西壮族自治区	2 128 358.9	1 911 095.4	53 576.5	154 635.5	9 051.5	497 125.1	4 646	492 479.1	823 176.3	645 127.2
海南省	1 466 650.3	1 419 798.5	4 655.2	42 163.6	33	39 339.9	2 004.5	37 335.4	161 613.2	145 999.6
重庆市	1 852 896.4	1 414 509.9	46 060.2	387 798.4	4 528	509 832	15 414	508 289.6	172 163.8	127 425.5
四川省	4 419 573.6	2 669 707.9	133 926.9	1 577 337.7	38 601	606 877.8	23 511.4	583 366.4	411 890	292 710.3
贵州省	1 284 868	790 761	91 819.8	385 304.2	16 982.9	2 498 700.8	17 629.5	2 481 071.3	383 074.8	310 352.8
云南省	5 108 620.7	3 876 398.9	34 619.7	1 141 061.4	56 540.7	794 383.9	3 312.9	791 071	618 958	454 068.7
西藏自治区	824 033.5	475 432.1	4 111.9	310 280.3	34 209.2	514 120.1	20 564.6	493 555.5	113 376.5	107 239.7
陕西省	3 463 918.9	2 308 011.2	103 787.3	980 718.3	71 402.1	867 124.7	18 682.5	848 442.2	893 327.9	603 801.4
甘肃省	2 022 429.6	1 159 554	144 343.3	529 281.6	189 250.7	146 827.3	3 820.4	143 006.9	814 436.6	777 036.2
青海省	430 825.1	271 220.4	19 868.3	134 213.6	5 522.8	53 335.9	49 891.8	3 444.1	286 386.2	216 718
宁夏回族自治区	522 851.2	241 687.1	38 684.2	199 619.2	42 860.7	24 167.9	20 542.5	3 625.4	128 988.7	74 274.3
新疆维吾尔自治区	1 571 102.8	717 521	7 088	841 304.1	5 189.6	163 162.3	71 189.8	91 972.5	137 050.2	86 594.7

表3–22　2021年中国各地区村集体经济组织资产负债情况（二）

单位：万元

地区	固定资产合计	固定资产原值	减：累计折旧	固定资产净值	固定资产清理	在建工程	其他资产	资产总计	流动负债合计	短期借款	应付款项
全国	400 966 546.6	355 059 877.1	35 156 346.5	319 903 530.6	1 165 953.5	79 897 062.4	13 011 251.5	822 091 079.3	233 294 268.6	13 193 837.2	217 229 277.6
北京市	18 107 966.5	15 305 071.9	4 378 504.2	10 926 567.7	383 607.4	6 797 791.4	2 636 775.6	99 144 189.6	50 258 488.6	800 918.5	49 350 619.6
天津市	5 804 530.3	4 901 167.6	713 204.3	4 187 963.2	36 831.7	1 579 735.4	158 657.6	13 734 151.4	6 782 559.7	201 905	6 566 873.4
河北省	15 761 169.7	15 553 791.1	1 995 138.4	13 558 652.7	13 650.4	2 188 866.6	503 995.3	31 511 519.9	9 687 332.7	568 754.3	8 952 496.8
山西省	16 038 517	11 108 807.2	230 388.2	10 878 419	3 017.6	5 157 080.4	257 859.9	29 828 580.8	12 439 346.5	514 081.1	11 955 582.6
内蒙古自治区	5 471 093.6	4 562 373.5	120 525.6	4 441 847.9	5 174.2	1 024 071.4	52 142.3	8 592 085.2	2 023 192.2	157 783.2	1 906 570.3
辽宁省	4 766 444	4 475 978	531 285.2	3 944 692.8	1 976.2	819 774.9	175 723.6	11 168 113.4	3 852 080.6	390 384.5	3 440 962.1
吉林省	2 719 663.1	2 509 530	120 935.7	2 388 594.2	5 598	325 470.8	70 845.9	6 083 222.9	1 682 049.6	117 265.8	1 556 227.9
黑龙江省	3 694 815.4	3 576 375.9	74 357.4	3 502 018.5	790.6	192 006.4	67 068.7	7 557 093.3	1 691 485.8	133 912.3	1 544 094.6
上海市	13 594 569.8	14 041 466.7	4 567 935.4	9 473 531.2	121 323.9	3 999 714.6	1 202 631.7	57 933 405.7	28 132 610.4	556 434.5	27 547 086.7
江苏省	19 538 935.7	18 251 753.7	1 519 593	16 732 160.7	7 553.9	2 799 221.1	887 907	51 716 260.5	16 254 106.2	1 178 379.7	14 856 980.7
浙江省	45 226 828.2	25 720 446.4	1 878 522.9	23 841 923.5	313.9	21 384 590.9	816 662.4	82 057 900.9	20 402 343.7	2 649 627.1	17 136 615.9
安徽省	12 236 310	12 258 944.6	364 585.5	11 894 359.1	30 295.6	311 655.2	71 176.7	16 679 285	1 357 761.9	102 390.6	1 250 411.5
福建省	10 773 956.2	8 235 416.8	458 749.5	7 776 667.3	8 550.8	2 988 738	37 045.2	19 066 334.7	3 461 107.2	118 807.2	3 308 430.3
江西省	6 880 205.1	6 212 497.9	151 371.5	6 061 126.4	3 078.4	816 000.2	135 144.9	12 114 303.5	2 544 503.5	112 040.9	2 422 398.4
山东省	37 239 201.3	24 915 992.4	1 844 621.8	23 071 370.7	−9 016.4	14 176 847.1	882 286	73 613 155.2	2 797 8021.5	3 279 149.8	24 151 115
河南省	25 721 748.6	25 246 625.2	776 414.9	24 470 210.3	22 484	1 229 054.2	205 726.8	34 554 303	4 645 294.8	407 244.5	4 113 664.5
湖北省	13 733 671.6	12 437 300.3	327 713.5	12 109 586.8	41 573.7	1 582 511.2	130 845	21 365 625.6	1 864 724.1	218 268.3	1 616 620.2
湖南省	12 346 505.2	10 856 257.9	206 125.6	10 650 132.3	50 689.5	1 645 683.5	373 560.4	18 253 377.6	2 755 428.3	198 035.2	2 538 524.7

续 表

地区	固定资产合计	固定资产原值	减：累计折旧	固定资产净值	固定资产清理	在建工程	其他资产	资产总计	流动负债合计	短期借款	应付款项
广东省	36 632 512.4	41 480 308.1	11 761 382.1	29 718 926.1	104 125.9	6 809 460.4	3 025 694	94 365 196.7	26 781 513.4	939 012.2	25 008 008.7
广西壮族自治区	9 807 485.4	9 755 758.2	320 287.8	9 435 470.4	39 257.8	332 757.2	180 010.2	13 436 155.9	370 503.7	2 822.3	361 313.7
海南省	1 023 195.9	1 015 513.8	28 365.6	987 148.3	24.6	36 023	18 104	2 708 903.4	134 367.1	157	133 928.5
重庆市	9 211 468.7	9 170 706.2	174 285.6	8 996 420.6	29 359.4	185 688.6	32 113.4	11 778 474.3	661 992.3	20 031	634 880.6
四川省	18 012 640.1	17 672 430.7	413 936.1	17 258 494.7	144 211.4	609 934.1	534 882.6	23 985 864.1	2 413 108.2	184 984.1	2 208 184.5
贵州省	5 942 666.7	5 924 570.9	287 427.8	5 637 143.1	84 473.5	221 050.1	229 421.7	10 338 731.9	476 836.5	27 309.7	444 868.3
云南省	17 599 644	17 211 950.4	517 853.7	16 694 096.8	12 953.3	892 593.9	142 163.3	24 263 769.8	1 208 745.7	64 232.5	1 102 626
西藏自治区	1 516 487.1	1 889 189	441 806.1	1 447 382.9	2 866.9	66 237.3	22 708.9	2 990 726.2	157 886.8	20 009.2	137 314.7
陕西省	15 940 649.9	15 855 698.8	410 275.3	15 445 423.6	7 660.6	487 565.7	115 498.2	21 280 519.5	1 456 059.9	106 134.3	1 325 331.3
甘肃省	7 032 766.8	6 958 044.9	357 402.4	6 600 642.5	4 261.1	427 863.2	23 191.2	10 039 651.6	648 855.9	33 685	609 031.1
青海省	1 680 558.9	1 266 274.2	23 927.6	1 242 346.7	456.4	437 755.8	5 389.7	2 456 495.9	238 220.2	1 158.4	227 899.5
宁夏回族自治区	903 873.8	761 175.9	10 778.1	750 397.8	1 159.3	152 316.8	6 572.5	1 586 454.1	272 994.4	31 103.1	240 916.5
新疆维吾尔自治区	6 006 465.7	5 928 458.6	148 645.6	5 779 812.9	7 650	219 002.8	9 446.7	7 887 227.7	660 747.3	57 816	579 698.9

表3–23 2021年中国各地区村集体经济组织资产负债情况（三）

单位：万元

地区	应付工资	应付福利费	长期负债合计	长期借款及应付款	一事一议资金	所有者权益合计	资本	公积公益金	未分配收益
全国	1 230 635	1 640 518.7	86 289 001.7	29 152 350.2	1 944 066.6	502 507 118.2	90 986 820.4	384 322 955.2	27 197 342.6
北京市	103 190.2	3 760.5	20 687 072.4	10 289 343.9	2 596.4	28 198 628.5	3 536 684.8	26 552 953.8	–1 891 010.1
天津市	19 925.8	–6 144.5	907 191.4	329 485.4	136.2	6 044 400.3	735 884.4	5 979 330.7	–670 814.8
河北省	77 116.4	88 965.2	1 936 660.9	811 194.6	66 276.2	19 887 614.7	1 940 683.9	17 834 872.8	112 058
山西省	58 197	–88 514.1	2 436 836.2	398 834	68 811.4	14 952 398	2 306 272.9	12 168 047.2	478 077.9
内蒙古自治区	18 867.8	–60 029.1	324 428.6	57 480.1	71 559.7	6 244 464.5	1 195 679.9	4 726 332.4	322 452.1
辽宁省	55 299.8	–34 565.7	1 016 154.2	355 951.8	45 559.7	6 299 878.6	1 054 466.6	6 216 278.7	–970 866.8
吉林省	5 387.2	3 168.6	741 341.6	112 401.8	12 680.2	3 659 831.7	572 683.8	3 173 189.4	–86 041.6
黑龙江省	12 721.8	757.1	701 675.3	286 525	3 605.3	5 163 932.2	1 109 551.3	4 080 472	–26 091.1
上海市	20 915	8 174.3	12 199 259.4	6 256 407.3	0	17 601 536	4 633 554.8	10 708 242.9	2 259 738.3
江苏省	153 452.6	65 293.2	4 777 997	980 295.1	46 928.2	30 684 157.4	4 405 855.2	25 975 661.1	302 641.1
浙江省	37 073.3	579 027.4	12 420 868.7	1 850 288.5	716 437.4	49 234 657.9	4 351 779.8	42 857 898.1	2 024 980.1
安徽省	3 245.7	1 714.1	1 002 959.3	210 021.4	35 056.1	14 318 563.8	2 321 478.6	9 507 095.4	2 489 989.8
福建省	21 341.2	12 528.4	3 611 793.9	98 815.8	136 348.3	11 993 433.6	908 044.6	10 031 918.8	1 053 470.1
江西省	9 531.9	532.2	765 995.7	133 168.9	16 473.4	8 803 820.4	2 179 435.9	5 325 850	1 298 534.5
山东省	280 833.5	266 923.1	3 831 078.6	2 107 386.7	68 964	41 804 055	4 288 688.6	36 928 888.3	586 478.2
河南省	30 324.1	94 061.7	1 453 047.7	854 486.9	14 523.4	28 455 959	6 512 161.8	18 718 266.4	3 225 530.8
湖北省	17 260.3	12 575.3	1 961 658.6	441 824	54 292.4	17 539 243	2 291 406.8	13 900 013.3	1 347 822.9
湖南省	10 771.4	8 097	993 747.3	247 321.3	46 101.1	14 503 095	2 018 254.9	9 734 540.7	2 750 299.4

续 表

地区	应付工资	应付福利费	长期负债合计	长期借款及应付款	一事一议资金	所有者权益合计	资本	公积公益金	未分配收益
广东省	246 046.8	588 445.7	8 948 033.5	2 279 215.7	75 299.2	58 635 649.8	12 091 270.2	42 645 421.1	3 898 958.5
广西壮族自治区	1 628.3	4 739.4	320 340.5	42 501.1	33 895.1	12 745 107.9	3 986 017.4	8 071 790.2	687 300.3
海南省	122	159.6	233 127.5	2 634.2	8 741.7	2 341 408.8	300 328.8	1 113 202.2	927 877.7
重庆市	1 687.6	5 393.2	547 272.9	24 887	63 855.8	10 569 227.5	1 831 618.6	8 141 194.7	596 414.2
四川省	9 862	10 077.5	1 137 628.2	230 218.1	99 695.5	20 435 085.4	7 226 602.4	12 464 641.5	743 841.5
贵州省	3 779	879.5	299 446.4	55 804.6	74 528.5	9 562 780.8	5 012 775	3 915 863.6	634 142.3
云南省	5 626.8	36 260.4	763 825.9	80 778.1	16 771.6	22 291 198.2	4 617 126	16 188 659	1 485 413.1
西藏自治区	300.9	262	259 570.2	53 325.5	2 718.7	2 573 335.7	106 559.9	1 815 596.2	651 179.7
陕西省	18 659	5 935.3	603 043.7	187 364.9	24 886.1	19 221 573.4	3 987 777.1	13 306 355.9	1 927 440.3
甘肃省	3 068.3	3 071.6	793 601.8	295 347.4	8 976.3	8 597 209.8	2 345 714.9	5 844 283.7	407 211.2
青海省	1 273.6	7 888.6	276 546.7	32 417	114 467.3	1 941 729	371 435.4	1 429 884.5	140 409.2
宁夏回族自治区	678.2	296.7	94 419.5	19 119.9	4 839.3	1 219 040.2	388 235	731 819.4	98 985.8
新疆维吾尔自治区	2 447.5	20 784.8	242 378.2	27 504.3	9 042.2	6 984 102.1	2 358 791	4 234 391.3	390 919.8

表 3–24　2021 年中国各地区村集体经济组织资产负债情况（四）

单位：万元

地区	负债及所有者权益合计	经营性资产总额	负债合计	经营性负债	兴办公益事业负债	义务教育负债	道路建设负债	兴修水电设施负债	卫生文化设施负债
全国	822 091 079.3	373 862 903.1	319 562 961.4	54 952 447.8	27 115 510	214 561.3	4 165 809.6	889 406	1 102 658.4
北京市	99 144 189.6	73 952 318.6	70 945 561.1	13 861 459.6	2 301 681.3	1 194.6	238 517.5	18 833.5	25 933.2
天津市	13 734 151.4	6 474 299.6	7 689 751.1	3 442 723.9	1 562 126.2	3 021.1	41 065.9	62 460.3	11 587.7
河北省	31 511 519.9	11 091 393.4	11 616 374.8	979 498.4	663 993.6	5 974.1	142 039.6	39 306.8	43 057.1
山西省	29 828 580.8	6 248 383.1	14 870 530.7	686 173.1	1 013 961.8	4 853.2	127 739.7	36 831.5	53 331.2
内蒙古自治区	8 592 085.2	1 943 522.3	2 347 609.7	232 585	519 792.3	2 272.7	29 619.2	23 303.2	34 953.7
辽宁省	11 168 113.4	3 665 108.2	4 868 234.8	802 660	813 910.5	13 372.4	105 363.3	51 804.7	23 878.1
吉林省	6 083 222.9	1 201 168.4	2 423 389.5	95 565.4	361 161.5	5 463.6	115 108.8	15 621.5	30 470.1
黑龙江省	7 557 093.3	3 689 964.4	2 393 161.1	305 037.8	1 466 380.1	32 229.1	361 855.9	70 414.8	61 606.7
上海市	57 933 405.7	43 207 478	40 329 819.6	6 084 198.9	825 059.8	4 409.4	293 717.8	22 307.6	3 117.5
江苏省	51 716 260.5	27 712 059.7	21 031 353.3	2 577 426.3	1 331 958.8	9 102.4	173 577.9	107 387	61 927.4
浙江省	82 057 900.9	37 926 577.2	32 823 212.4	4 028 885.7	1 607 861.6	4 968.2	389 349.5	77 325.8	144 174.9
安徽省	16 679 285	4 097 835.6	2 360 184.4	110 785.7	267 071.4	3 100.2	59 869.1	16 916.9	16 502.2
福建省	19 066 334.7	5 406 164.3	7 072 760.1	168 472.5	448 569.4	4 601.1	94 295.4	18 868.7	24 764.4
江西省	12 114 303.5	2 893 706.2	3 310 157.9	212 230.8	655 473.5	7 187	73 472.3	35 105.4	25 543.3
山东省	73 613 155.2	30 145 075.8	31 809 100.1	9 017 326.5	8 079 541.6	25 007.7	510 719.9	53 758.5	171 170.9
河南省	34 554 303	10 506 160.8	6 097 542.4	873 579.2	1 119 493.7	34 597.5	217 977.1	55 726.3	91 766.1
湖北省	21 365 625.6	6 358 642.2	3 826 144.8	267 197.4	719 495	18 992	227 986	57 456.1	57 457.5
湖南省	18 253 377.6	3 394 646.3	3 748 910.8	479 986.5	521 560.2	6 339.3	137 184.2	42 178.5	35 668

续 表

地区	负债及所有者权益合计	经营性资产总额	负债合计	经营性负债	兴办公益事业负债	义务教育负债	道路建设负债	兴修水电设施负债	卫生文化设施负债
广东省	94 365 196.7	61 620 590.6	35 729 546.9	9 594 196.8	1 136 904.1	14 146.6	235 904.2	14 043.3	390.3
广西壮族自治区	13 436 155.9	3 588 659.1	689 646.2	66 167.4	30 598.5	266.1	2 781.9	192.4	2 394.2
海南省	2 708 903.4	413 559.6	367 494.6	4 513.5	2 237.2	1.1	735.7	18.3	33.7
重庆市	11 778 474.3	1 471 753.5	1 208 934.2	24 534.9	99 615.1	219.1	33 958.1	7 521.9	7 695.2
四川省	23 985 864.1	4 489 531.7	3 550 709.4	128 586.6	621 083.5	3 334.1	313 210.6	16 964.3	23 353.8
贵州省	10 338 731.9	2 885 259.8	776 234.1	84 222.4	79 917.6	84.5	38 252.3	1 141.2	5 868.6
云南省	24 263 769.8	4 805 188.9	1 972 536	93 857.5	227 678	3 846.4	49 275.5	7 404.6	15 524.3
西藏自治区	2 990 726.2	1 486 125.7	417 450.4	114 549.8	45 375.5	25.9	10 302.8	51.7	130.7
陕西省	21 280 519.5	6 487 065.8	2 058 847	202 500.9	233 050.7	2 841.9	59 196.1	14 016	51 854.3
甘肃省	10 039 651.6	2 482 496.1	1 442 457.7	289 561.3	217 143.8	1 724.2	70 799.9	9 298.1	64 864
青海省	2 456 495.9	910 016.8	514 766.9	31 265.8	30 985.8	2.8	1 151.9	1 529.5	4 157.4
宁夏回族自治区	1 586 454.1	778 775.1	367 413.9	42 881.8	16 471.2	20.4	3 814.7	882	497.8
新疆维吾尔自治区	7 887 227.7	2 529 376.5	903 125.5	49 816.4	95 356.8	1 362.6	6 966.8	10 735.9	8 984.3

差距较大。

3. 结构特征：经营萎缩与补助依赖

大部分村集体将土地和生产性固定资产基本均分到户，仅有少量村集体还留有部分机动地及价值相对较低的荒山、滩涂和坑塘等，集体经济组织缺乏可供支配的要素资源。乡村产业用地数量不足的现象普遍存在，给产业落地以及产业规模扩大造成阻碍。随着越来越多的农村人口涌入城市，农村土地闲置尤其是宅基地闲置问题日益突出[①]。“减人不减地”使集体无法对盈余土地进行回收利用，“三权分置”后土地流转的总体规模并不大，仅有小部分土地以返租倒包、折股量化的方式流入集体经济组织。经营收入占比日趋萎缩，补助收入占比则逐年上升，补助收入提供契机的同时，也易造就集体经济繁荣的“假象”。转移支付并未带来生产效能即经营收入的提升，客观上要求农村集体经济组织摆脱传统“等、靠、要”惰性思维，将重心从项目资源争取回归到集体生产经营中[②]。

4. 土地流转：体系滞后与保障不全

土地流转过程中存在大量的私下流转行为，不遵循规范的市场程序和不履行必要的流转手续，加大了土地流转纠纷案件发生的概率。（1）缺乏畅通的信息交流平台和完备的中介服务组织系统，土地流转信息更多通过“口传”或政府及相关部门指令传播，导致供需信息传播范围有限、信息传递不充分。（2）社会保障机制不完善，不能有效解决农民看病难、看病贵、养老等社会问题，更不能解决就业难及低效就业等问题。农民对土地具有较强的依赖性，从根本上抑制了农民土地流转的积极性。（3）流转管理机制不健全，流转的随意性和不稳定性较高，土地流转处于自发和无序状态，没有明确规定双方责、权、利关系，对农民承包土地的流转行为缺乏强制力约束。（4）部分地区土地流转未实现规模效益，流转大量土地尚未形成规模并获得规模效益，大部分流转土地上仍以传统经营方式经营着种养业，也没有能力进行技术革新或产品开发。（5）个别草场超负荷利用致使生态受损，流转合同及流转管理机制对草

① 朱乾宇，樊文翔，龙艳.农业保险推动乡村特色产业发展的困境与对策：以湖北省潜江市为例[J].金融理论与实践，2020（7）：90-96.

② 张新文，杜永康.共同富裕目标下新型农村集体经济发展：现状、困境及进路[J].华中农业大学学报（社会科学版），2023（2）：23-33.

场流转的中期监管不足，受让方在短期内不会因不合理的利用行为付出相应代价①。2021年，内蒙古家庭承包经营的耕地面积占全国比重为6.47%，家庭承包经营的农户数占全国比重为1.68%。

表3-25　2021年全国各地区农村土地承包经营及管理情况（一）

	家庭承包经营的耕地面积（亩）	家庭承包经营的农户数（户）	家庭承包合同份数（份）	颁发土地承包经营权证份数（份）
全国	1 574 659 398	220 873 379	215 847 295	210 440 867
北京市	4 161 278	883 787	1 087 559	645 729
天津市	4 014 585	677 907	651 124	642 811
河北省	82 481 607	13 373 597	13 060 833	12 804 849
山西省	52 009 708	5 485 954	5 327 414	5 177 862
内蒙古自治区	101 944 065	3 713 250	3 535 903	3 288 120
辽宁省	54 184 168	5 664 070	5 526 551	5 119 074
吉林省	67 921 763	3 735 220	3 630 979	3 409 046
黑龙江省	112 930 118	4 691 087	4 548 778	4 240 422
上海市	1 663 681	559 324	558 765	557 089
江苏省	53 702 735	11 890 210	11 478 791	10 969 568
浙江省	17 947 120	8 120 188	7 639 181	7 523 150
安徽省	83 982 945	12 581 034	12 394 203	12 320 085
福建省	15 949 925	5 025 693	4 948 506	4 864 212
江西省	36 679 811	7 332 977	6 904 516	6 880 649
山东省	92 683 126	18 326 227	17 923 726	17 357 005
河南省	110 816 968	19 755 392	18 845 462	18 374 625
湖北省	62 236 465	9 089 308	9 019 625	8 891 340
湖南省	52 730 501	12 917 190	12 596 545	12 546 078
广东省	34 727 562	10 974 680	10 964 090	10 964 471
广西壮族自治区	48 953 708	9 331 040	9 122 497	8 934 747
海南省	7 549 748	966 949	966 949	955 167
重庆市	34 307 492	6 335 174	6 295 858	6 246 673
四川省	90 945 078	17 796 458	17 455 555	17 037 187
贵州省	65 355 650	7 830 096	7 764 171	7 525 508
云南省	111 429 606	9 018 312	9 137 746	8 883 908
陕西省	54 028 453	6 485 010	6 337 554	6 144 815

① 文明，塔娜.内蒙古农村牧区土地流转问题研究[J].内蒙古社会科学（汉文版），2015（3）：176-180.

续 表

	家庭承包经营的耕地面积（亩）	家庭承包经营的农户数（户）	家庭承包合同份数（份）	颁发土地承包经营权证份数（份）
甘肃省	65 056 583	4 654 624	4 533 196	4 560 588
青海省	8 067 864	731 314	714 242	702 262
宁夏回族自治区	16 389 337	1 007 361	957 030	953 881
新疆维吾尔自治区	29 807 747	1 919 946	1 919 946	1 919 946

表3-26　2021年全国各地区农村土地承包经营及管理情况（二）

	机动地面积（亩）	土地承包经营权转让面积（亩）	土地承包经营权“互换面积”（亩）	家庭承包耕地土地经营权流转总量（亩）
全国	77 315 800	14 273 980	15 314 243	556 978 588
北京市	60 992	42 567	3 418	2 673 569
天津市	174 157	8 937	6	2 000 899
河北省	2 890 030	1 528 859	868 911	27 000 611
山西省	5 473 177	186 966	303 058	8 075 406
内蒙古自治区	2 899 526	396 392	658 784	39 896 968
辽宁省	2 630 811	568 193	895 008	17 624 928
吉林省	6 320 704	708 447	270 146	28 261 029
黑龙江省	14 319 362	1 638 360	102 555	63 272 387
上海市	87 356	35 678	1 378	1 497 312
江苏省	1 051 145	967 433	424 098	33 682 192
浙江省	249 618	197 422	47 008	10 731 546
安徽省	438 099	871 093	1 456 576	37 845 691
福建省	157 455	136 627	234 527	5 113 973
江西省	560 932	299 154	366 340	17 138 129
山东省	2 157 143	478 325	1 348 162	43 567 609
河南省	1 432 041	706 009	2 034 111	35 192 284
湖北省	7 759 210	541 201	495 387	23 226 917
湖南省	1 661 866	1 416 725	1 344 291	24 090 735
广东省	606 466	465 385	603 889	18 612 813
广西壮族自治区	182 831	397 845	941 962	10 136 823
海南省	87 174	13 924	1 663	292 062
重庆市	300 036	591 313	592 323	14 152 383

续 表

	机动地面积（亩）	土地承包经营权转让面积（亩）	土地承包经营权“互换面积”（亩）	家庭承包耕地土地经营权流转总量（亩）
四川省	1 074 497	495 819	297 638	26 782 123
贵州省	653 297	231 515	60 654	10 941 714
云南省	2 147 390	442 883	475 856	12 741 149
陕西省	4 594 399	505 232	1 201 615	12 905 622
甘肃省	1 178 397	244 988	250 681	12 339 804
青海省	350 692	84 771	18 876	2 037 639
宁夏回族自治区	57 739	46 532	0	3 251 651
新疆维吾尔自治区	15 759 256	25 382	15 323	11 892 618

表3–27　2021年全国各地区农村土地承包经营及管理情况（三）

	出租（转包日面积）（亩）	出租乡镇以外人口或单位的面积（亩）	入股面积（亩）	耕地入股合作社的面积（亩）
全国	493 676 469	68 485 929	30 183 759	18 224 945
北京市	2 649 164	277 942	24 405	13 181
天津市	1 942 202	607 201	34 248	27 937
河北省	22 800 558	1 518 986	1 518 665	455 129
山西省	7 265 238	797 163	227 563	135 078
内蒙古自治区	39 472 139	2 550 882	277 298	113 974
辽宁省	15 302 406	1 346 578	894 840	632 460
吉林省	26 705 278	1 489 551	607 285	436 562
黑龙江省	60 853 722	4 009 762	1 939 122	1 555 391
上海市	1 479 546	216 587	16 703	9 821
江苏省	28 706 816	7 132 628	3 254 071	2 402 729
浙江省	10 090 979	1 973 246	186 790	121 923
安徽省	32 659 612	5 689 045	1 269 413	802 558
福建省	4 470 582	388 271	123 628	77 122
江西省	15 055 419	3 407 308	754 125	467 916
山东省	39 075 016	3 671 322	2 462 048	1 930 660
河南省	33 754 824	5 878 132	1 400 817	791 192
湖北省	18 918 186	1 577 549	1 907 757	1 277 266
湖南省	19 860 406	2 345 771	2 220 723	1 269 448
广东省	13 561 575	1 301 376	2 284 259	419 346

续 表

	出租（转包日面积）（亩）	出租乡镇以外人口或单位的面积（亩）	入股面积（亩）	耕地入股合作社的面积（亩）
广西壮族自治区	8 557 743	1 780 240	183 013	67 723
海南省	253 952	95 430	13 794	12 606
重庆市	11 671 519	2 719 756	1 526 307	1 015 409
四川省	21 889 463	5 716 747	1 964 807	1 148 225
贵州省	7 275 580	2 053 011	2 652 511	1 905 662
云南省	11 000 081	2 542 628	403 817	277 335
陕西省	10 939 632	2 605 000	804 645	359 992
甘肃省	11 159 153	1 479 243	642 549	152 444
青海省	1 923 746	211 386	86 516	45 133
宁夏回族自治区	3 147 908	1 025 332	103 743	102 307
新疆维吾尔自治区	11 234 025	2 077 853	398 298	198 418

表3-28　2021年全国各地区农村土地承包经营及管理情况（四）

	其他形式流转面积（亩）	流转入农户的面积（亩）	流转入家庭农场的面积（亩）	流转入专业合作社的面积（亩）
全国	33 118 360	268 869 587	78 648 258	113 945 767
北京市	0	356 964	75 657	70 011
天津市	24 450	854 210	252 098	243 275
河北省	2 681 388	11 453 693	3 319 550	5 889 709
山西省	582 604	4 402 487	740 843	1 685 135
内蒙古自治区	147 532	24 015 069	3 084 526	6 543 215
辽宁省	1 427 682	11 614 611	1 423 093	2 495 836
吉林省	948 466	19 197 685	2 628 890	4 897 677
黑龙江省	479 543	43 696 798	10 516 737	7 876 625
上海市	1 063	269 640	322 627	457 644
江苏省	1 721 305	10 124 096	11 461 851	4 645 417
浙江省	453 777	5 956 768	1 376 597	1 711 737
安徽省	3 916 666	14 355 272	9 587 112	8 122 945
福建省	519 763	3 130 281	474 689	786 193
江西省	1 328 586	7 971 157	2 780 501	3 501 292
山东省	2 030 545	21 421 125	4 424 007	8 844 889
河南省	36 643	15 520 652	6 073 838	9 982 527
湖北省	2 400 975	10 233 237	2 308 102	6 331 179
湖南省	2 009 605	7 582 753	5 841 873	8 149 248

续 表

	其他形式流转面积（亩）	流转入农户的面积（亩）	流转入家庭农场的面积（亩）	流转入专业合作社的面积（亩）
广东省	2 766 980	10 504 032	2 138 556	2 669 694
广西壮族自治区	1 396 067	5 103 197	553 228	1 771 206
海南省	24 316	88 059	19 363	25 090
重庆市	954 557	5 152 211	1 032 785	3 196 606
四川省	2 927 852	9 760 628	3 533 450	6 847 944
贵州省	1 013 624	3 182 797	533 429	3 959 290
云南省	1 337 251	5 611 610	418 504	1 887 640
陕西省	1 161 346	5 559 757	1 517 368	3 050 300
甘肃省	538 102	4 141 558	936 384	4 508 129
青海省	27 378	583 422	215 859	943 134
宁夏回族自治区	0	653 013	213 839	1 050 559
新疆维吾尔自治区	260 296	6 372 804	842 902	1 801 621

表3-29　2021年全国各地区农村土地承包经营及管理情况（五）

	流转入企业的面积（亩）	流转入其他主体的面积（亩）	流转用于种植粮食作物的面积（亩）	流转出承包耕地的农户数（户）
全国	56 405 072	39 109 904	323 601 668	75 865 619
北京市	623 676	1 547 261	339 870	526 355
天津市	313 951	337 365	1 232 962	232 047
河北省	3 009 506	3 328 155	14 709 588	3 493 819
山西省	888 399	358 541	4 550 588	828 549
内蒙古自治区	3 970 331	2 283 829	25 092 621	1 262 915
辽宁省	875 050	1 216 338	11 453 942	1 476 635
吉林省	296 223	1 240 554	23 778 919	1 273 384
黑龙江省	525 155	657 072	58 879 441	2 512 029
上海市	161 687	285 714	773 457	499 235
江苏省	3 346 335	4 104 492	20 934 240	6 927 488
浙江省	870 751	815 694	4 809 315	4 100 297
安徽省	3 851 621	1 928 742	26 318 520	5 879 294
福建省	370 380	352 431	1 860 091	1 167 532
江西省	1 138 487	1 746 692	11 019 414	2 559 878
山东省	5 281 710	3 595 878	22 810 633	7 877 530
河南省	3 459 907	155 359	24 328 873	6 556 884
湖北省	2 005 947	2 348 453	12 066 515	3 019 500

续 表

	流转入企业的面积（亩）	流转入其他主体的面积（亩）	流转用于种植粮食作物的面积（亩）	流转出承包耕地的农户数（户）
湖南省	1 349 335	1 167 525	15 988 475	4 325 801
广东省	2 271 516	1 029 015	7 274 385	2 842 563
广西壮族自治区	1 602 334	1 106 858	1 723 651	2 161 068
海南省	120 439	39 111	43 734	21 652
重庆市	3 590 947	1 179 834	4 883 587	2 771 882
四川省	4 014 035	2 626 067	8 020 118	5 587 833
贵州省	2 424 606	841 592	2 249 120	1 781 733
云南省	2 828 084	1 995 311	2 584 958	2 301 740
陕西省	1 161 346	5 559 757	1 517 368	3 050 300
甘肃省	538 102	4 141 558	936 384	4 508 129
青海省	27 378	583 422	215 859	943 134
宁夏回族自治区	0	653 013	213 839	1 050 559
新疆维吾尔自治区	260 296	6 372 804	842 902	1 801 621

表3–30　2021年全国各地区农村土地承包经营及管理情况（六）

	签订耕地流转合同份数（份）	签订流转合同的耕地流转面积（亩）	乡镇土地流转服务中心总数（个）	仲裁委员会数（个）
全国	58 791 952	385 618 661	22 931	2 595
北京市	651 172	1 757 165	0	13
天津市	54 072	1 952 607	154	10
河北省	3 436 813	19 492 717	1 720	167
山西省	648 431	3 970 349	1 022	112
内蒙古自治区	978 047	21 992 670	212	83
辽宁省	1 249 094	11 838 307	496	76
吉林省	905 608	16 187 133	653	65
黑龙江省	1 886 212	46 747 401	485	113
上海市	19 519	1 497 312	79	9
江苏省	5 801 079	27 674 366	1 089	74
浙江省	2 919 779	7 214 800	627	97
安徽省	4 508 584	28 546 471	1 141	131
福建省	637 039	2 224 030	740	94
江西省	1 958 623	13 190 464	1 459	95
山东省	5 998 312	30 212 850	1 328	103
河南省	4 992 020	24 627 071	1 413	149
湖北省	2 639 926	17 720 522	1 083	90

续 表

	签订耕地流转合同份数（份）	签订流转合同的耕地流转面积（亩）	乡镇土地流转服务中心总数（个）	仲裁委员会数（个）
湖南省	3 830 816	16 683 870	1 317	120
广东省	1 208 265	11 107 978	1 372	111
广西壮族自治区	1 185 341	5 083 494	349	107
海南省	14 204	81 550	74	22
重庆市	2 066 352	11 182 493	833	38
四川省	4 165 295	17 324 954	1 105	178
贵州省	1 573 475	6 352 576	1 249	90
云南省	2 828 084	1 995 311	306	128
陕西省	1 161 346	5 559 757	649	102
甘肃省	538 102	4 141 558	1 118	86
青海省	27 378	583 422	162	27
宁夏回族自治区	0	653 013	196	20
新疆维吾尔自治区	260 296	6 372 804	500	85

5. 实现形式：略显单一与合作缺乏

农村集体经济发展壮大的典型案例频出，如产业发展型、资产租赁型、为农服务型、资源开发型等实现形式呈现多样化。（1）各地在人口、规模、禀赋等各不相同，发展水平与难度也存在差异，因而单一的实现形式容易复制与效仿，但难以确保发展的持续性。内蒙古虽然形成了多种发展模式，但是实现形式主要以产业发展为主，甚至相应的产业类型和产品结构存在趋同性。（2）跨界合作较为缺乏。新型工农城乡关系逐步形成，城乡间在经济活动上的联系日趋紧密。新型农村集体经济发展中的村庄间合作行为较少，“各自为战”现象仍较突出。“辐射带动”更多表现为粗放式的带动，即采取简单的入股分红形式。

6. 潜在风险：“能人权威”与资产流失

新型农村集体经济存在一些风险，通过制定相关制度规避，也可以进行有效防控。（1）“能人权威”风险。村办合作社往往由村“两委”的干部组织引领建立，是要素聚合和控制的主体，会进一步强化这些能人的权威，易以权谋私满足自己的利益。（2）集体资产流失风险。易出现“资本”与“权力”结合的风险，外部主体通过向集体组织领导者输送利益，以低价开发或者租用集体资产，导致集体资产流失。

（3）股份合作股权不稳定的风险。频繁的入股或退股也容易导致股权不稳定，尤其对那种实物不可分割的集体资产，股权的不稳定会严重降低合作社的运行效率，导致外部主体不愿意与其合作。2021年，内蒙古村集体经济组织资产负债2 601 002.4万元，占全国比重为0.75%；已审单位资金总额384 135.981 3万元，占全国比重为0.37%。

（三）新型农村集体经济面临困境的原因分析

1. 对集体经济缺乏认识，产权结构趋于封闭

农民对新型农村集体经济还存在着思想观念上的认识误区，没有正确认识到新型农村集体经济的重要作用。经济下行压力大，乡村产业面临较大市场风险，一旦项目失败还有背负经济债务的危险，“等、靠、要”思想顽固，没有勇气发展。部分驻村第一书记带动作用有限，在选拔干部中存在一些不规范现象，难以承担发展农村集体经济的重任。村负责人对发展认识不足、站位不高，认为村集体无资金、无技术、无人才，不具备发展条件，缺乏主动性。农村普通劳动者的社会主义思想信仰淡化，大公无私、无私奉献、集体主义等社会主义的价值观念和理想信念，早已被个人发家致富的梦想冲淡①。（1）农村总体规划缺乏统一。目前传统畜牧业高度依赖草场，干旱成为草原退化和可利用草原减少最主要的原因，本地牧草产量远远不能满足本地区使用量，在很大程度上增加了饲养成本。基本形成了完整的城市规划布局，但农村一直缺乏总体规划。相关的乡村振兴战略规划对农村制定了框架，对农村高质量也指明了方向，但与城市规划的衔接不到位，村庄分类工作滞后、村庄规划空白，不利于产业项目的落地。（2）新型农村集体经济在产权体系、分配方式及治理结构等实现了对传统集体经济的超越，但产权结构趋于封闭，农村资产和资源的受让人范围过小，市场竞争的不充分不利于价值的体现和价格的提升，也无法通过内部动员去获取自身相对稀缺的管理、技术和资本等要素，混合所有制改造在大多数村庄遭遇搁浅与“内卷化”。促进城乡融合、迈向共同富裕需打破村社的封闭性，尽可能地提升农村资源的配置效率②。（3）行政村是行政区划体系中最基层的一级，是农村基层群众性自治组织，不可避免地受到乡政府较多的行政干预。农村集体经济组织与村自治组织存在着

① 赵意焕.农村集体经济的历史传承与时代创新：兼论列宁关于合作社不等于集体经济的理论[J].政治经济学研究，2022（1）：66-77.

② 叶兴庆.扩大农村集体产权结构开放性必须迈过三道坎[J].中国农村观察，2019（3）：2-11.

表3-31　中国村集体经济组织资产负债（一）

单位：万元，%

	2013年			2014年			2015年			2016年		
	数量	占总比	同比	数量	占总比	同比	数量	占总比	同比	数量	占总比	同比
一、流动资产合计	104 095 501	100	12.1	113 797 557.4	100	9.32	122 933 880.9	100	8	134 770 804.1	100	9.6
1.货币资金	45 179 541.49	43.4	14.5	50 069 912.94	44	10.82	55 030 298.2	44.8	9.9	63 386 773.2	47	15.2
2.短期投资	4 686 714.939	4.5	14.5	5 236 731.741	4.6	11.74	5 558 353.2	4.5	6.1	5 899 336.1	4.4	6.1
3.应收款项	52 351 355.32	50.3	9.8	56 796 168.95	49.9	8.49	60 534 569.4	49.2	6.6	63 418 666.6	47.1	4.8
4.存货	1 877 889.261	1.8	14	1 694 743.813	1.5	−9.75	1 810 660	1.5	6.8	2 066 028.2	1.5	14.1
二、农业资产合计	2 847 788.464	100	5.1	2 879 357.585	100	1.11	2 930 075.2	100	1.8	2 882 759.4	100	−1.6
1.牲畜（禽）资产	493 282.377 1	17.3	−2	481 394.668 9	16.7	−2.41	495 025.7	16.9	2.8	489 355.4	17	−1.2
2.林木资产	2 354 506.087	82.7	6.7	2 397 962.917	83.3	1.85	2 435 049.5	83.1	1.6	2 393 404	83	−1.7
三、长期资产合计	132 817 610.8	100	8.6	144 700 467.8	100	8.95	160 176 963.5	100	10.7	172 554 710.4	100	7.7
1.长期投资	15 986 986.22	12	7.1	17 440 240.3	12.1	9.09	19 111 144.6	11.9	9.6	20 597 787.6	11.9	7.8
2.固定资产合计	111 783 859.4	84.2	8.8	121 659 868.9	84.1	8.83	135 085 084.7	84.3	11	145 886 389.7	84.5	8
其中：当年新购建的	3 911 962.805	2.9	−0.9	3 670 933.371	2.5	−6.16	3 997 833.3	2.5	8.9	4 159 637.6	2.4	4
（1）固定资产原值	91 846 325.93	69.2	7.5	98 492 287.71	68.1	7.24	109 450 536.6	68.3	11.1	116 432 920.1	—	6.4
（2）减：累计折旧	11 693 955.83	8.8	6.5	12 614 541.1	8.7	7.87	14 134 610.1	8.8	12.1	15 351 517.9	—	8.6
（3）固定资产净值	80 152 370.1	60.3	7.7	85 877 746.62	59.4	7.14	95 315 926.5	59.5	11	101 081 402.2	—	6
（4）固定资产清理	848 924.839 4	0.6	3.3	740 506.992 4	0.5	−12.77	705 959.2	0.4	−4.7	774 842.6	—	9.8
（5）在建工程	30 782 564.46	23.2	12.1	35 041 615.34	24.2	13.84	39 063 199	24.4	11.5	44 030 144.9	—	12.7
3.其他产	5 046 765.158	3.8	9.2	5 600 358.542	3.8	10.97	5 980 734.2	3.8	6.8	6 070 533.1	3.5	1.5
四、资产总计	239 760 900.3	—	10.1	261 377 382.8	—	9.02	286 040 919.7	—	9.4	—	—	8.5
五、流动负债合计	80 023 752.87	100	8.9	87 130 788.57	100	8.88	95 709 991.3	100	9.9	105 738 534.9	100	10.5
1.短期借款	9 246 047.778	11.6	−8.3	9 764 961.679	11.21	5.61	9 925 059.7	10.4	1.6	10 116 794.9	9.6	1.9

续　表

	2013年			2014年			2015年			2016年		
	数量	占总比	同比	数量	占总比	同比	数量	占总比	同比	数量	占总比	同比
2.应付款项	68 852 219.24	86	12	75 485 916.57	86.64	9.63	83 910 083.5	87.7	11.2	93 637 674.2	88.6	11.6
3.应付工资	1 023 226.823	1.3	−0.4	1 022 654.304	1.17	−0.06	1 067 792.3	1.1	4.4	1 104 151.1	1	3.4
4.应付福利费	902 259.029 5	1.1	3.7	857 256.016 8	0.98	−4.99	807 055.8	0.8	−5.9	879 914.6	0.8	9
六、长期负债合计	14 720 129.36	100	6.9	15 594 557.42	15.18	5.94	17 198 510.3	100	10.3	19 575 458.2	100	13.8
1.长期借款及应付款	13 819 607.51	93.9	6.1	14 542 801.71	93.26	5.23	15 983 040.9	92.9	9.9	18 236 152.2	93.2	14.1
2.一事一议资金	900 521.845 6	6.1	20.6	1 051 755.706	6.74	16.79	1 215 469.4	7.1	15.6	1 339 306	6.8	10.2
七、所有者权益合计	145 017 018	100	11	158 652 036.8	10	9.4	173 132 418.1	100	8.2	184 894 280.9	100	6.8
1.资本	38 837 817.55	26.8	4.8	39 759 831.5	25.1	2.37	40 879 007.9	23.6	2.8	42 619 051.6	23.1	4.3
2.公积金、公益金	103 173 998	71.1	14.4	115 576 543.8	72.9	12.02	128 477 748	74.2	9.9	138 210 665.8	74.8	7.6
3.未分配收益	3 005 202.418	2.1	−10.3	3 315 661.482	2	10.33	3 775 662.3	2.2	13.9	4 064 563.5	2.2	7.7
八、负债及所有者权益合计	239 760 900.3	—	10.1	261 377 382.8	—	9.02	286 040 919.7		8.9	310 208 274	—	8.5
九、附报												
1.经营性固定资产原值	23 371 510.42	—	3.3	24 404 283.77	—	4.42	25 715 793.3		5.4	26 894 701.8	—	4.6
2.负债合计	94 743 882.19	100	8.6	102 725 346	—	8.43	112 908 501.6	100	9.9	125 313 993	100	11
其中：（1）经营性负债	10 686 444.16	11.3	−2.1	10 812 661.95	—	1.18	11 610 965.8	10.3	7.4	11 971 573	9.6	3.1
（2）兴办公益事业负债	11 403 446.89	12	2.9	11 015 882.34	—	−3.4	11 152 574.7	9.9	1.2	11 387 798.6	9.1	2.1
其中：①义务教育负债	690 703.244 7	0.7	−11.7	643 391.629 7	—	−6.85	603 425.7	0.5	−6.2	568 412.6	0.5	−5.8
②道路建设负债	4 810 108.299	5.1	−1.6	4 877 779.126	—	1.41	4 819 979.3	4.3	−1.2	4 752 298.1	3.8	−1.4
③兴修水电设施负债	1 400 988.947	1.5	−3.9	1 377 870.259	—	−1.65	1 339 893.6	1.2	−2.8	1 285 941.2	1	−4
④卫生文化设施负债	922 959.813 1	1	−0.2	905 157.705	—	−1.93	1 033 665.5	0.9	14.2	1 065 269.8	0.9	3.1
3.当年新增负债	3 015 125.997	—	3.6	3 414 069.333	—	13.23	3 495 253.7		2.4	3 668 539.9	—	5

表3–32　中国村集体经济组织资产负债（二）

单位：万元，%

	2017年			2018年			2019年		
	数量	占总比	同比	数量	占总比	同比	数量	占总比	同比
一、流动资产合计	153 168 293.2	100	13.7	180 402 465.7	100	17.8	206 202 377.3	100	14.3
1.货币资金	75 004 243.7	49	18.3	92 339 372.8	51.2	23.1	110 959 489	53.8	20.2
2.短期投资	7 201 526	4.7	22.1	7 532 915.5	4.2	4.6	7 686 353.8	3.7	2
3.应收款项	68 931 326.7	45	8.7	77 231 453.9	42.8	12	83 697 384.8	40.6	8.4
4.存货	2 031 196.7	1.3	–1.7	3 298 723.5	1.8	62.4	3 859 149.6	1.9	17
二、农业资产合计	3 041 311.1	100	5.5	4 832 577.8	100	58.9	8 851 698.4	100	83.2
1.牲畜（禽）资产	554 066.3	18.2	13.2	571 519.9	11.8	3.2	575 649.7	6.5	0.7
2.林木资产	2 487 244.9	81.8	3.9	4 261 057.8	88.2	71.3	8 276 048.7	93.5	94.2
三、长期资产合计	187 519 129.8	100	8.7	239 193 682.7	100	27.6	291 646 348.4	100	21.9
1.长期投资	21 697 051.7	11.6	5.3	24 823 466.8	10.4	14.4	30 154 640.2	10.3	21.5
2.固定资产合计	159 396 399.3	85	9.3	207 440 500.7	86.7	30.1	253 569 348.8	86.9	22.2
其中：当年新购建的	4 861 242.7	2.6	16.9	5 900 341.3	2.5	21.4	8 769 943.3	3	48.6
（1）固定资产原值	125 429 273.2		7.7	171 846 847.2		37	215 742 202.3		25.5
（2）减：累计折旧	15 784 366.3		2.8	17 904 910.3		13.4	19 918 866.9		11.2
（3）固定资产净值	109 644 906.9		8.5	153 941 937		40.4	195 823 335.4		27.2
（4）固定资产清理	763 629.4		–1.4	1 077 005.5		41	1 259 075.1		16.9
（5）在建工程	48 987 863		11.3	52 421 558.3		7	56 486 938.2		7.8
3.其他产	6 425 678.8	3.4	5.9	6 929 715.2	2.9	7.8	7 922 359.4	2.7	14.3
四、资产总计	343 728 734.1		10.8	424 428 726.3		23.5	506 700 424.1		19.4
五、流动负债合计	116 012 203.3	100	9.7	131 163 791.3	100	13.1	149 275 074.5	100	13.8
1.短期借款	10 191 915.3	8.8	0.7	11 724 498.1	8.9	15	11 571 723.5	7.8	–1.3

续 表

	2017年			2018年			2019年		
	数量	占总比	同比	数量	占总比	同比	数量	占总比	同比
2.应付款项	103 775 545.4	89.5	10.8	117 311 669.4	89.4	13	135 167 279.3	90.5	15.2
3.应付工资	1 094 039	0.9	−0.9	1 120 261.3	0.9	2.4	1 339 475.4	0.9	19.6
4.应付福利费	950 703.7	0.8	8	1 007 362.5	0.8	6	1 196 596.3	0.8	18.8
六、长期负债合计	22 414 047.9	100	14.5	30 169 773.1	100	34.6	30 678 816.4	100	1.7
1.长期借款及应付款	20 900 147.9	93.2	14.6	28 553 772.3	94.6	36.6	28 835 608.6	94	1
2.一事一议资金	1 513 899.9	6.8	13	1 616 000.7	5.4	6.7	1 843 207.8	6	14.1
七、所有者权益合计	205 302 482.9	100	11	263 065 303	100	28.1	326 746 533.2	100	24.2
1.资本	45 090 204.6	22	5.8	53 584 731.4	20.4	18.8	67 113 376.2	20.5	25.2
2.公积金、公益金	155 340 149.8	75.7	12.4	200 475 329	76.2	29.1	246 205 198.5	75.4	22.8
3.未分配收益	4 872 128.5	2.3	19.9	9 005 242.6	2.3	84.8	13 427 958.4	4.1	49.1
八、负债及所有者权益合计	343 728 734.1		10.8	424 398 867.3		23.5	506 700 424.1		19.4
九、附报									
1.经营性固定资产原值	111 483 712.8	100		136 306 924.3	100	22.3	145 612 487.4	100	6.8
2.负债合计	138 426 251.2	100	10.5	161 333 564.3	100	16.5	179 953 890.9	100	11.5
其中：（1）经营性负债	13 505 158.1	9.8	12.8	17 078 765.8	10.6	26.5	23 005 804.2	12.8	34.7
（2）兴办公益事业负债	11 412 119.9	8.2	0.2	12 210 498.9	7.6	7	12 432 135.8	6.9	1.8
其中：①义务教育负债	514 991.4	0.4	−9.4	460 626.4	0.3	−10.6	353 751.4	0.2	−23.2
②道路建设负债	4 606 325.2	3.3	−3.1	4 507 714.3	2.8	−2.1	4 466 069.5	2.5	−0.9
③兴修水电设施负债	1 238 344.3	0.9	−3.7	1 106 049.1	0.7	−10.7	1 092 410.8	0.6	−1.2
④卫生文化设施负债	1 088 585.6	0.8	2.2	1 073 527.4	0.7	−1.4	1 116 294	0.6	4
3.当年新增负债	3 924 767.2		7	5 892 761		50.1	5 594 349.1		−5.1

表 3–33　中国村集体经济组织资产负债（三）

单位：万元，%

指标名称	2020 年				2021 年			
	数量	组级	村级	镇级	数量	组级	村级	镇级
一、流动资产合计	330 896 405.4	31 908 726	243 333 603.4	55 654 076	346 964 398.6	32 830 706.6	256 329 060.1	57 804 632
1.货币资金	156 115 729.3	24 923 069.9	118 962 002.3	12 230 657.1	161 987 884.4	25 650 875.1	124 904 032.6	11 432 976.8
2.短期投资	9 208 061.3	646 900.6	8 437 211.1	123.949 .6	8 794 422.4	765 963	7 962 001.1	66 458.3
3.应收款项	126 866 715.3	6 264 868.6	98 858 456.3	21 743 390.5	132 296 048.4	6 363 813.7	103 199 385.4	22 732 849.3
4.存货	38 705 899.4	73 886.9	17 075 933.7	21 556 078.9	43 886 043.4	50 054.7	20 263 641	23 572 347.6
二、农业资产合计	16 118 450.5	5 393 898.9	10 580 169.7	144 381.9	16 093 037.2	5 271 984.5	10 675 583	145 469.7
1.牲畜（禽）资产	314 983	9 991	304 916.2	75.8	389 028.1	9 068.6	379 883.8	75.6
2.林木资产	15 803 467.5	5.383 907 .8	10 275 253.5	144 306.1	15 704 009.1	5 262 915.9	10 295 699.2	145 394.1
三、长期资产合计	41 666 843.4	1 547 590.8	34 278 941.5	5 840 311.1	45 055 845.4	1 665 861.9	37 091 348.4	6 298 635.1
1.长期投资	41 666 843.4	1 547 590.8	34 278 941.5	5 840 311.1	45 055 845.4	1 665 861.9	37 091 348.4	6 298 635.1
其中：长期股权投资	29 844 874	1 139 301.8	23 096 646	5 608 926.1	32 531 256.3	1 166 305.7	25 170 699.5	6 194 251.1
四、固定资产合计	368 825 067	53 173 933.2	299 935 138.4	15 715 995.5	400 966 546.6	54 613 665.3	329 509 057.6	16 843 823.8
（一）固定资产原值	325 424 357.8	55 470 632.3	257 928 958.9	12 024 766.6	355 059 877.1	57 260 027.5	284 458 157	13 341 692.6
固定资产累计折旧	31 547 597.8	5.006 077 .1	22 936 220.4	3 605 300.4	35 156 346.5	5 429 603.9	25 608 750.3	4 117 992.3
（二）固定资产净值	293 876 760	50 464 555.2	234 992 738.5	8 419 466.3	319 903 530.6	51 830 423.7	258 849 406.7	9 223 700.3
其中：经营性固定资产	93 215 937.6	13 682 426.9	73 847 687.5	5 685 823.1	99 529 104.8	13 650 987.3	79 483 320.2	6 394 797.4
（三）固定资产清理	1 120 075.2	116 027.4	747 989.5	256 058.3	1 165 953.5	96 025.7	822 423.8	247 504
（四）在建工程	73 828 231.8	2 593 350.5	64 194 410.3	7 040 471	79 897 062.4	2 687 215.9	69 837 227	7 372 619.4
其中：经营性在建工程	22 378 792.3	1 031 601.9	16 606 003.1	4 741 187.3	24 533 755.2	1 041 356.6	18 272 568.9	5 219 829.7
五、其他资产	13 089 540.9	1 706 190.2	10 058 449.8	1 324 900.9	13 011 251.5	1 761 440.8	9 453 811.6	1 795 999.1

续 表

指标名称	2020年				2021年			
	数量	组级	村级	镇级	数量	组级	村级	镇级
其中：无形资产	6 864 463.9	1 400 586.6	4 971 779.9	492 097.4	7 837 165.5	1 440 584.9	5 765 972.8	630 607.8
六、资产总计	770 596 307.3	93 730 339.1	598 186 302.8	78 679 665.5	822 091 079.3	96 143 659	643 058 860.6	82 888 559.7
七、流动负债合计	226 472 400.7	10 911 776.5	166 679 155	48 881 469.2	233 294 268.6	11 808 469.1	171 145 979.4	50 339 820
1.短期借款	14 757 368.5	259 657.7	13 441 514	1 056 196.9	13 193 837.2	298 565.1	11 878 195.1	1 017 077
2.应付款项	208 952 557.2	10 158 755.7	151 034 899.9	47 758 901.6	217 229 277.6	10 912 487.1	157 062 428.8	49 254 361.6
3.应付工资	1 203 633.6	86 350.5	1 058 551.9	58 731.3	1 230 635	95 913.8	1 070 423.2	64 298.1
4.应付福利费	1 558 841.4	407 012.7	1 144 189.2	7 639.5	1 640 518.7	501 503	1 134 932.3	4 083.4
八、长期负债合计	79 145 422.8	3 772 710.8	60 996 699.8	14 376 012.3	86 289 001.7	4 189 808.5	65 282 100.7	16 817 092.6
1.长期借款及应付款	28 798 789.4	650 496.1	17 781 961.4	10 366 331.9	29 152 350.2	795 627.7	18 385 573.4	9 971 149.1
2.一事一议资金	1 798 929.4	91 339.8	1 706 775.8	813.8	1 944 066.6	87 665.4	1 855 990.9	410.2
3. 专项应付款	48 547 704	3 030 874.9	41 507 962.6	4 008 866.5	55 192 584.9	3 306 515.4	45 040 536.3	6 845 533.2
其中：征地补偿费	14 706 588.5	2 153 062.5	12 254 929.1	298 596.9	15 626 194	2 270 248.7	13 001 428.9	354 516.4
九、所有者权益合计	464 978 382.7	79 045 850	370 510 348.7	15 422 184	502 507 118.2	80 145 465.8	406 630 005.4	15 731 647.1
1.资本	84 928 975	17 639 141.6	63 455 322.7	3 834 510.6	90 986 820.4	17 690 015.7	69 042 317.4	4 254 487.3
其中：政府拨款等形成资本转增资本	9 395 940	1 567 636.6	7 726 518.5	101 784.9	11 981 526.2	1 624 724.4	10 110 307.5	246 494.3
2.公积金、公益金	352 755 745.7	53 216 396.6	288 469 935	11 069 414.1	384 322 955.2	55 248 463.2	318 322 123.8	10 752 368.2
其中：征地补偿费转入	55 578 362.7	6 611 912.1	48 210 740.2	755 710.4	59 269 067.3	6 664 649.2	51 959 079.1	645 339
3.未分配收益	27 293 662	8 190 311.8	18 585 090.9	518 259.3	27 197 342.6	7 206 986.9	19 265 564.2	724 791.6

续　表

指标名称	2020年				2021年			
	数量	组级	村级	镇级	数量	组级	村级	镇级
十、负债及所有者权益合计	770 596 307.3	93 730 339.1	598 186 302.8	78 679 665.5	822 091 079.3	96 143 659	643 058 860.6	82 888 559.7
十一、附报					373 862 903.1	36 628 720.2	273 906 525.3	63 327 657.6
1.经营性固定资产总额	346 683 156.6	34 645 765.8	251 969 711.6	60 067 679.2	448 227 657.1	59 515 011.2	369 151 743.8	19 560 902.1
2.非经营性资产总额	423 913 150.7	59 084 573.6	346 216 590.9	18 611 986.3	3 658 314.4	707 605.5	2 926 214.4	24 494.6
3.待界定资产总额	4 018 910.9	717 135.3	3 289 366.7	12 408.9	319 562 961.4	15 994 161.7	236 412 636.9	67 156 162.8
4.负债合计	295 154 074.4	14 502 596.3	217 396 351.3	63 255 126.8	54 952 447.8	3 305 849.7	45 192 494	6 454 104.1
其中：（1）经营性负债	51 500 392.8	3 287 058.7	41 277 402.6	6 935 931.6	27 115 510	734 293.8	25 581 015	800 201.1
（2）兴办公益事业负债	27 562 028	956 287.9	25 688 439.2	917 300.9	214 561.3	4 302.3	201 928.3	8 330.7
其中：①义务教育负债	218 232	3 345.7	207 230.1	7 656.2	4 165 809.6	185 679.2	3 705 363.3	274 767.1
②道路建设负债	4 139 370	199 943.8	3 650 219.9	289 206.3	889 406	25 416.9	773 826.4	90 162.7
③兴修水电设施负债	868 693.4	22 331.9	752 246	94 115.5	1 102 658.4	24 248.5	1 074 753.9	3 656.1
④卫生文化设施负债	1 153 673.9	24 479.9	1 126 099.7	3 094.4	20 742 219.4	494 648.4	19 824 286.5	423 284.5

表3-34　2013—2021年内蒙古村集体经济组织资产负债

单位：万元

		2013年	2014年	2015年	2016年	2017年	2018年	2019年	2020年	2021年
流动资产合计	全国	104 095 501	113 797 557.4	122 933 880.9	134 770 804.1	153 168 293.2	180 402 465.7	206 202 377.3	330 896 405.4	346 964 398.6
	内蒙古	1 227 928.815	1 374 893.446	1 390 986.6	1 642 527.7	1 806 378.7	1 964 488.4	2 118 902.1	2 651 313.6	2 601 002.4
	内蒙 / 全国	1.18%	1.21%	1.13%	1.22%	1.18%	1.09%	1.03%	0.80%	0.75%
货币资金	全国	45 179 541.49	50 069 912.94	55 030 298.2	63 386 773.2	75 004 243.7	92 339 372.8	110 959 489	156 115 729.3	161 987 884.4
	内蒙古	330 058.564 5	332 280.552 8	292 499.9	443 251.3	526 263	621 851	742 475.7	874 972.2	931 700.5
	内蒙 / 全国	0.73%	0.66%	0.53%	0.70%	0.70%	0.67%	0.67%	0.56%	0.58%
短期投资	全国	4 686 714.939	5 236 731.741	5 558 353.2	5 899 336.1	7 201 526	7 532 915.5	7 686 353.8	9 208 061.3	8 794 422.4
	内蒙古	4 942.454	4 450.513 8	4 603.8	7 302.5	6 743.1	16 730.8	21 578.1	23 907.8	25 282
	内蒙 / 全国	0.11%	0.08%	0.08%	0.12%	0.09%	0.22%	0.28%	0.26%	0.29%
应收款项	全国	52 351 355.32	56 796 168.95	60 534 569.4	63 418 666.6	68 931 326.7	77 231 453.9	83 697 384.8	126 866 715.3	132 296 048.4
	内蒙古	883 667.558 8	1 029 168.161	1 083 370.6	1 181 969.2	1 263 802.6	1 314 853.3	1 346 513.2	1 717 432.8	1 619 637.6
	内蒙 / 全国	1.69%	1.81%	1.79%	1.86%	1.83%	1.70%	1.61%	1.35%	1.22%
长期资产合计	全国	132 817 610.8	144 700 467.8	160 176 963.5	172 554 710.4	187 519 129.8	239 193 682.7	291 646 348.4	41 666 843.4	45 055 845.4
	内蒙古	1 493 414.593	1 823 752.802	2 038 810.9	2 206 197.1	2 376 269.2	3 070 988.1	4 298 325.6	157 897.5	203 390.3
	内蒙 / 全国	1.12%	1.26%	1.27%	1.28%	1.27%	1.28%	1.47%	0.38%	0.45%
长期投资	全国	15 986 986.22	17 440 240.3	19 111 144.6	20 597 787.6	21 697 051.7	24 823 466.8	30 154 640.2	29 844 874	32 531 256.3
	内蒙古	88 076.423 6	84 791.365 4	90 131.8	101 661.6	105 244.8	118 426.2	148 445.7	101 463.4	115 861.7
	内蒙 / 全国	0.55%	0.49%	0.47%	0.49%	0.49%	0.48%	0.49%	0.34%	0.36%
固定资产合计	全国	111 783 859.4	121 659 868.9	135 085 084.7	145 886 389.7	159 396 399.3	207 440 500.7	253 569 348.8	368 825 067	400 966 546.6
	内蒙古	1 387 966.964	1 719 067.292	1 920 889.6	2 068 962.8	2 248 975.9	2 918 014	4 107 518	5 157 051.5	5 471 093.6
	内蒙 / 全国	1.24%	1.41%	1.42%	1.42%	1.41%	1.41%	1.62%	1.40%	1.36%

续　表

		2013年	2014年	2015年	2016年	2017年	2018年	2019年	2020年	2021年
固定资产原值	全国	91 846 325.93	98 492 287.71	109 450 536.6	116 432 920.1	125 429 273.2	171 846 847.2	215 742 202.3	325 424 357.8	355 059 877.1
	内蒙古	948 665.605 2	1 087 176.47	1 188 731.8	1 355 089.9	1 425 405.9	2 104 270	3 201 880.4	4 244 305.1	4 562 373.5
	内蒙 / 全国	1.03%	1.10%	1.09%	1.16%	1.14%	1.22%	1.48%	1.30%	1.28%
减：累计折旧	全国	11 693 955.83	12 614 541.1	14 134 610.1	15 351 517.9	15 784 366.3	17 904 910.3	19 918 866.9	31 547 597.8	35 156 346.5
	内蒙古	46 611.904 8	50 480.928 6	74 957.9	89 181.2	54 350.6	65 988	57 095	102 589.7	120 525.6
	内蒙 / 全国	0.40%	0.40%	0.53%	0.58%	0.34%	0.37%	0.29%	0.33%	0.34%
固定资产净值	全国	80 152 370.1	85 877 746.62	95 315 926.5	101 081 402.2	109 644 906.9	153 941 937	195 823 335.4	293 876 760	319 903 530.6
	内蒙古	902 053.700 4	1 036 695.541	1 113 773.9	1 265 908.7	1 371 055.4	2 038 282	3 144 785.4	4 141 715.4	4 441 847.9
	内蒙 / 全国	1.13%	1.21%	1.17%	1.25%	1.25%	1.32%	1.61%	1.41%	1.39%
固定资产清理	全国	848 924.839 4	740 506.992 4	705 959.2	774 842.6	763 629.4	1 077 005.5	1 259 075.1	1 120 075.2	1 165 953.5
	内蒙古	7 497.731 2	7 215.565 4	12 919	7 238.6	14 879	31 870.4	13 534	7 859.6	5 174.2
	内蒙 / 全国	0.88%	0.97%	1.83%	0.93%	1.95%	2.96%	1.07%	0.70%	0.44%
在建工程	全国	30 782 564.46	35 041 615.34	39 063 199	44 030 144.9	48 987 863	52 421 558.3	56 486 938.2	73 828 231.8	79 897 062.4
	内蒙古	478 415.531 9	675 156.185 1	794 196.6	795 815.5	863 041.6	847 861.7	949 198.6	1 007 476.5	1 024 071.4
	内蒙 / 全国	1.55%	1.93%	2.03%	1.81%	1.76%	1.62%	1.68%	1.36%	1.28%
其他资产	全国	5 046 765.158	5 600 358.542	5 980 734.2	6 070 533.1	6 425 678.8	6 929 715.2	7 922 359.4	13 089 540.9	13 011 251.5
	内蒙古	17 371.206	19 894.145 4	27 789.5	35 572.7	22 048.4	34 547.9	42 361.8	54 664.2	52 142.3
	内蒙 / 全国	0.34%	0.36%	0.46%	0.59%	0.34%	0.50%	0.53%	0.42%	0.40%
资产总计	全国	239 760 900.3	261 377 382.8	286 040 919.7	310 208 274	343 728 734.1	424 428 726.3	506 700 424.1	770 596 307.3	822 091 079.3
	内蒙古	2 750 550.575	3 225 308.193	3 458 367.6	3 876 108.9	4 210 739.6	5 082 433.6	6 499 954	8 231 867.3	8 592 085.2
	内蒙 / 全国	1.15%	1.23%	1.21%	1.25%	1.23%	1.20%	1.28%	1.07%	1.05%

续 表

		2013年	2014年	2015年	2016年	2017年	2018年	2019年	2020年	2021年
流动负债合计	全国	80 023 752.87	87 130 788.57	95 709 991.3	105 738 534.9	116 012 203.3	131 163 791.3	149 275 074.5	226 472 400.7	233 294 268.6
	内蒙古	1 127 223.88	1 312 955.003	1 457 820	1 793 757.4	1 752 714.8	1 919 740.6	1 996 432.4	2 233 820.2	2 023 192.2
	内蒙 / 全国	1.41%	1.51%	1.52%	1.70%	1.51%	1.46%	1.34%	0.99%	0.87%
短期借款	全国	9 246 047.778	9 764 961.679	9 925 059.7	10 116 794.9	10 191 915.3	11 724 498.1	11 571 723.5	14 757 368.5	13 193 837.2
	内蒙古	122 002.871	134 904.654 5	138 017.8	194 522.5	144 151.4	152 543	156 028.4	162 051.8	157 783.2
	内蒙 / 全国	1.32%	1.38%	1.39%	1.92%	1.41%	1.30%	1.35%	1.10%	1.20%
应付款项	全国	68 852 219.24	75 485 916.57	83 910 083.5	93 637 674.2	103 775 545.4	117 311 669.4	135 167 279.3	208 952 557.2	217 229 277.6
	内蒙古	1 020 785.489	1 199 134.851	1 348 072.2	1 625 540.9	1 586 751.3	1 744 060.6	1 880 760.6	2 116 179.2	1 906 570.3
	内蒙 / 全国	1.48%	1.59%	1.61%	1.74%	1.53%	1.49%	1.39%	1.01%	0.88%
应付工资	全国	1 023 226.823	1 022 654.304	1 067 792.3	1 104 151.1	1 094 039	1 120 261.3	1 339 475.4	1 203 633.6	1 230 635
	内蒙古	10 068.691 2	9 830.356	9 310.2	9 524.1	14 643.3	15 411.2	16 541.3	18 053.9	18 867.8
	内蒙 / 全国	0.98%	0.96%	0.87%	0.86%	1.34%	1.38%	1.23%	1.50%	1.53%
应付福利费	全国	902 259.029 5	857 256.016 8	807 055.8	879 914.6	950 703.7	1 007 362.5	1 196 596.3	1 558 841.4	1 640 518.7
	内蒙古	−25 633.170 3	−30 914.858 1	−37 580.1	−35 830.1	7 168.8	7 725.8	−56 897.9	−62 464.7	−60 029.1
	内蒙 / 全国	−2.84%	−3.61%	−4.66%	−4.07%	0.75%	0.77%	−4.75%	−4.01%	−3.66%
长期负债合计	全国	14 720 129.36	15 594 557.42	17 198 510.3	19 575 458.2	22 414 047.9	30 169 773.1	30 678 816.4	79 145 422.8	86 289 001.7
	内蒙古	68 794.863 5	62 865.526	65 952.7	60 318.3	72 832.5	61 598.7	61 644.5	257 049.9	324 428.6
	内蒙 / 全国	0.47%	0.40%	0.38%	0.31%	0.32%	0.20%	0.20%	0.32%	0.38%
长期借款及应付款	全国	13 819 607.51	14 542 801.71	15 983 040.9	18 236 152.2	20 900 147.9	28 553 772.3	28 835 608.6	28 798 789.4	29 152 350.2
	内蒙古	66 002.549 5	57 688.415 5	64 135	58 523.8	67 333.6	55 349.4	54 036.4	55 637.1	57 480.1
	内蒙 / 全国	0.48%	0.40%	0.40%	0.32%	0.32%	0.19%	0.19%	0.19%	0.20%

续 表

		2013年	2014年	2015年	2016年	2017年	2018年	2019年	2020年	2021年
一事一议资金	全国	900 521.845 6	1 051 755.706	1 215 469.4	1 339 306	1 513 899.9	1 616 000.7	1 843 207.8	1 798 929.4	1 944 066.6
	内蒙古	2 792.314	5 177.110 5	1 817.7	1 794.5	5 498.9	6 249.3	7 608.1	10 923.1	71 559.7
	内蒙 / 全国	0.31%	0.49%	0.15%	0.13%	0.36%	0.39%	0.41%	0.61%	3.68%
所有者权益合计	全国	145 017 018	158 652 036.8	173 132 418.1	184 894 280.9	205 302 482.9	263 065 303	326 746 533.2	464 978 382.7	502 507 118.2
	内蒙古	1 554 531.831	1 849 487.664	1 934 594.8	2 022 033.2	2 385 192.4	3 101 094.3	4 441 877	5 740 997.2	62 444 641.5
	内蒙 / 全国	1.07%	1.17%	1.12%	1.09%	1.16%	1.18%	1.36%	1.23%	12.43%
资本	全国	38 837 817.55	39 759 831.5	40 879 007.9	42 619 051.6	45 090 204.6	53 584 731.4	67 113 376.2	84 928 975	90 986 820.4
	内蒙古	381 399.205 8	375 904.063 4	382 052.4	401 332.5	429 610	735 660.6	954 187.6	1 065 335.9	1 195 679.9
	内蒙 / 全国	0.98%	0.95%	0.93%	0.94%	0.95%	1.37%	1.42%	1.25%	1.31%
公积金、公益金	全国	103 173 998	115 576 543.8	128 477 748	138 210 665.8	155 340 149.8	200 475 329	246 205 198.5	352 755 745.7	384 322 955.2
	内蒙古	1 146 420.492	1 450 649.936	1 539 345.6	1 611 386.7	1 956 623.1	2 334 596.7	3 354 113.2	4 473 219.7	4 726 332.4
	内蒙 / 全国	1.11%	1.26%	1.20%	1.17%	1.26%	1.16%	1.36%	1.27%	1.23%
未分配收益	全国	3 005 202.418	3 315 661.482	3 775 662.3	4 064 563.5	4 872 128.5	9 005 242.6	13 427 958.4	27 293 662	27 197 342.6
	内蒙古	26 712.133 4	22 933.664 7	13 196.8	9 314.1	−1 040.7	30 836.9	133 576.2	202 441.7	322 452.1
	内蒙 / 全国	0.89%	0.69%	0.35%	0.23%	−0.02%	0.34%	0.99%	0.74%	1.19%
负债及所有者权益合计	全国	239 760 900.3	261 377 382.8	286 040 919.7	310 208 274	343 728 734.1	424 398 867.3	506 700 424.1	770 596 307.3	822 091 079.3
	内蒙古	2 750 550.575	3 225 308.193	3 458 367.6	3 876 108.9	4 210 739.6	5 082 433.6	6 499 954	8 231 867.3	8 592 085.2
	内蒙 / 全国	1.15%	1.23%	1.21%	1.25%	1.23%	1.20%	1.28%	1.07%	1.05%
负债合计	全国	94 743 882.19	102 725 346	112 908 501.6	125 313 993	138 426 251.2	161 333 564.3	179 953 890.9	295 154 074.4	319 562 961.4
	内蒙古	1 196 018.744	1 375 820.529	1 523 772.8	1 854 075.7	1 825 547.3	1 981 339.3	2 058 076.9	2 451 940.7	2 347 609.7
	内蒙 / 全国	1.26%	1.34%	1.35%	1.48%	1.32%	1.23%	1.14%	0.83%	0.73%

续 表

		2013年	2014年	2015年	2016年	2017年	2018年	2019年	2020年	2021年
经营性负债	全国	10 686 444.16	10 812 661.95	11 610 965.8	11 971 573	13 505 158.1	17 078 765.8	23 005 804.2	51 500 392.8	54 952 447.8
	内蒙古	47 557.511 7	53 177.909 9	49 758	62 202.6	65 880.7	71 485.9	330 099	82 952.2	232 585
	内蒙 / 全国	0.45%	0.49%	0.43%	0.52%	0.49%	0.42%	1.43%	0.16%	0.42%
兴办公益事业负债	全国	11 403 446.89	11 015 882.34	11 152 574.7	11 387 798.6	11 412 119.9	12 210 498.9	12 432 135.8	27 562 028	27 115 510
	内蒙古	335 935.669	174 213.777 8	201 817.4	197 660	200 695.7	153 529.8	916 560.7	651 712.7	519 792.3
	内蒙 / 全国	2.95%	1.58%	1.81%	1.74%	1.76%	1.26%	7.37%	2.36%	1.92%
义务教育负债	全国	690 703.244 7	643 391.629 7	603 425.7	568 412.6	514 991.4	460 626.4	353 751.4	218 232	214 561.3
	内蒙古	7 901.097 8	9 638.177 7	9 244	8 311.5	8 658.4	6 940.9	7 974.6	2 128	2 272.7
	内蒙 / 全国	1.14%	1.50%	1.53%	1.46%	1.68%	1.51%	2.25%	0.98%	1.06%
道路建设负债	全国	4 810 108.299	4 877 779.126	4 819 979.3	4 752 298.1	4 606 325.2	4 507 714.3	4 466 069.5	4 139 370	4 165 809.6
	内蒙古	97 238.709 6	90 608.384 7	106 159.9	103 653	93 558.5	72 859.1	195 918.7	27 746.2	29 619.2
	内蒙 / 全国	2.02%	1.86%	2.20%	2.18%	2.03%	1.62%	4.39%	0.67%	0.71%
兴修水电设施负债	全国	1 400 988.947	1 377 870.259	1 339 893.6	1 285 941.2	1 238 344.3	1 106 049.1	1 092 410.8	868 693.4	889 406
	内蒙古	63 182.973 6	45 435.635 8	46 411.7	36 398.7	42 378.8	30 698.3	68 594.8	21 476.1	23 303.2
	内蒙 / 全国	4.51%	3.30%	3.46%	2.83%	3.42%	2.78%	6.28%	2.47%	2.62%
卫生文化设施负债	全国	922 959.813 1	905 157.705	1 033 665.5	1 065 269.8	1 088 585.6	1 073 527.4	1 116 294	1 153 673.9	1 102 658.4
	内蒙古	23 299.236 1	21 694.583 9	21 845.8	27 372.7	25 475	24 816.3	64 417.9	22 989.1	34 953.7
	内蒙 / 全国	2.52%	2.40%	2.11%	2.57%	2.34%	2.31%	5.77%	1.99%	3.17%

较大程度的同一性和重叠性，真正由农民创建运行的农村联合组织的比例有限，必然导致集体经济组织受到上级政府、村民委员会、企业等多种外部力量的影响。（4）村集体“三资”长期处于管理主体缺位状态，虽然各地建立健全了村级财务账目，但县、乡两级因无专业人员致使工作质量不能保证，村集体经济的税费、金融、用地等配套政策不到位。股份经济合作社管理理念大多停留在村级治理方面，现实中还存在政经不分的局面，对村集体经济组织作为如何运营与管理、承担什么角色、成员权利和义务等没有明确的规定[①]。

2. 村级债务负担依然沉重，资源禀赋不足

部分村通村公路修建、农田水利设施建设、人居环境整治、文体卫生公共设施修建等方面，因预算内筹资形成的债权组织清收无力，部分无计划安排项目急于建设，不可避免地形成了新增债务，导致村级债务沉重、化解难度加大。随着乡村振兴战略的实施，原很多贫困地区涌现出许多发展新型农村集体经济的强村，但主要分布在城中村、城郊村和资源充沛的村。区位优势不明显的欠发达地区收入来源比较单一，主要依靠土地等资源的出租或开发收入，只有很少的村有投资入股分红收益和生产经营性收益[②]。对集体经济发展不关心也不参与，村集体经济组织的存在感较弱，缺少有效的实现形式[③]。（1）资源要素缺乏。多数村没有留足集体支配的要素资源，有的村集体资源地处偏远、交通不便、发展缺优势。集体经济发展缺人、缺地、缺钱，承包地流转趋近饱和产生不了大的效益。村集体可用于发展的自然资源所剩无几，难以从全局角度进行规划，集体经济缺乏必要的自然资本支持[④]。（2）人才供给不足。农村人口逐步呈现出“空心化”、老龄化特征，青壮年及高素质经营管理人才供给短缺。新型农村集体经济组织建设中各方面相关专业技能人才供给不足，而农民老龄人口居多，在精力、体力方面明显无法与青壮年相比。（3）资金供给不足。长期以来的“去集体化”制度变迁造成传统集体经济组织名不副实状态，其经济功能也处于空壳状态。经济底子尚显薄弱，大多数人是不愿参与其中的，项目的实施需要大量资金的投

① 李成桃. 青海省海西州农牧区深化集体产权制度改革助力乡村振兴实践分析[J]. 当代农村财经，2022（12）：54-56.

② 陈锡文，罗丹，张征. 中国农村改革40年[M]. 北京：人民出版社，2018.

③ 刘旭凡. 发展新型农村集体经济促进共同富裕：基于浙江嘉兴平湖市、衢州柯城区的调研[J].2022（3）：14-15.

④ 李晓华，王稳，朱颜. 乡村振兴背景下我国村级集体经济发展路径研究[J]. 农业经济，2022（11）：36-39.

入和持续的支持[①]。

3. 集体积累制度缺失，政策扶持力度不强

政府对新型农村集体经济的政策扶持力度不强。(1)中央和地方层面有大量的乡村发展政策供给，呈现出政策数量增长快，主体不断增多，政策工具不断丰富的特点[②]。但新型农村集体经济的制度供给和政策支持还存在诸多短板，农村集体经济组织法一直没有出台，集体经济组织虽然取得了"特别法人"资格，但尚未得到社会的广泛认可，在参与经济社会活动时会遇到诸多经营障碍。村级组织支出项目多，非生产性开支大，没有过剩财力支持集体经济发展。各村根据实际成立股份经济合作社，但受众多因素影响而实际基本无经营，多数村级组织难以积累资本[③]。(2)激励机制缺失和集体资产使用管制严格，村干部普遍存在求稳心理，欠缺工作的积极性和主动性，对村集体经济发展缺乏长远、有效的规划和思路。(3)缺乏灵活、畅通的融资渠道，在很大程度上需要上级拨款或财政贴息贷款来维持。乡村地区基础设施、人居环境等条件并不突出，对外的吸引力度小[④]。此外，组织机构不健全，绝大多数尚未建立独立的集体经济组织，甚至被村的行政作为取代。经营权和管理权多由村委会成员掌握，但缺少有效的监督权。

4. 基础设施存在短板，农业发展的基础薄弱

(1)缺少产业带头企业，合作社服务能力不强。从购买草料、畜禽买卖、传统奶制品制作等环节几乎没有企业带动更没有品牌效应，合作社没有有效地发挥企业与牧民的纽带作用，农民都是通过个人或者中间商进行交易。村集体经济薄弱，不能有效带动当地产业发展，即使政府部门出台了一些政策推动发展，但没有相关带头企业对接、社会资金注入、品牌支撑等很难有效地带动集体经济高质量发展[⑤]。(2)村集体收入稳定性和持续性较差，发展后劲不足，由于客观原因及市场供求关系影响经济效益，收入很不稳定[⑥]。收入渠道窄，没有达到连锁、集聚效应，"造血"功能不足。

---

① 林斯展.农村新型集体经济组织发展困境与对策[J].当代县域经济，2023(3)：69-71.

② 姚旻，赵爱梅，宁志中.中国乡村旅游政策：基本特征、热点演变与"十四五"展望[J].中国农村经济，2021(5)：2-17.

③ 杨书平.松滋市村级集体经济发展情况调查与对策思考[J].南方农业，2023(4)：165-168.

④ 邵彦敏，崔震.欠发达地区新型农村集体经济发展模式研究[J].宁夏党校学报，2022(3)：112-118.

⑤ 朝鲁孟，王韵斐，陈秋菊，等.巴彦淖尔市传统畜牧业发展及牧区乡村振兴的建议[J].今日畜牧兽医，2022(12)：80-82.

⑥ 郭丽娜，李文涛，闻春霞，等.创新发展模式壮大农村新型集体经济[J].河南农业，2022(25)：7-8.

（3）农村基础设施存在短板。村内道路还很差，农村物流体系发展滞后，配送网点少，动力电还没有实现全覆盖。农村环境处理设施需要补齐，污水治理、厕所设施、垃圾清运等设施都需要加紧配套。（4）销售方式亟待优化。产品的滞销往往成为其产业发展受困的主要问题，发挥电子商务等现代营销手段的作用，打通销售渠道、优化销售方式，确保销售环节畅通无阻，实现优质农产品与城市消费者的对接①。（5）生态保护形势严峻。虽然内蒙古生态环境总体良好，但部分地区破坏草原、乱采乱挖现象还是屡禁不止，退耕还林还草、退牧还草、山水林田湖草共同体长效机制还未全面形成，农业牧业面源污染仍然突出②。有关乡村生态环境保护和污染控制的规定仅分散在少数行政法规之中，专业法律法规目前并不完善。

5. 缺乏有效监管体系，治理结构亟待优化

新型农村集体经济作为上层建筑的内部治理结构仍存在进一步优化的空间。（1）治理主体模糊。新型农村集体经济需建立较为完善的现代企业制度和法人治理结构，当前尽管普遍遵循现代企业制度组建了理事会、监事会和股东大会，但仍难以摆脱行政权力的干预，大多数股份合作社的董事长由村党支部书记或村主任兼任，村“两委”与集体经济组织存在较高的融合度③。（2）治理程序失范。行政化运作制约着新型农村集体经济的市场化发展，不可避免地受到行政手段的干预。“政经合一”组织倾向于以权代管、以权定事，股东大会和监事会等的决策职能与监管职能虚化。（3）缺乏有效监管体系。有序的财务管理能够准确、真实且快速地反映农村集体经济成果，缺乏专业财务管理者，相应的规章制度未应用。收益缺乏公开性、资金使用明细不明晰，经济专项审计缺乏严格性。（4）奖惩体系层面。对集体经济的管理运营并没有制定相应的奖惩措施，在管理制度的制定方面不规范性，存在严重的体制机制形式化问题④。内部治理结构不完善，农村基层党组织、村民委员会和集体经济组织在履行各自职责时存在职能交叉、边界模糊的问题。利益分配机制不完善，没有体现每个社员的工作效率与劳动贡献，且未对带头人实行报酬奖励。民主监督机制不健全，最高和

---

① 崔超，杜志雄.发展新型集体经济：2020年后农村减贫路径选择：基于陕西省丹凤县的实地调查[J].农村经济，2022（4）：35-44.

② 翁志强.浅谈乡村振兴战略背景下内蒙古农村牧区高质量发展的制约因素及相应对策[J].农村经济与科技，2019（11）：193-195.

③ 余丽娟.新型农村集体经济：内涵特征、实践路径、发展限度：基于天津、山东、湖北三地的实地调查[J].农村经济，2021（6）：17-24.

④ 孙德胜.新形势下农村新型集体经济发展存在的缺陷及优化路径研究[J].中国集体经济，2023（3）：17-20.

最终决策却往往由集体经济组织带头人决定，农牧民的民主议事、民主管理和民主监督往往只流于形式。

6. 人才队伍建设滞后，文化素质水平低

农村多数集体经济组织发展要素缺失，成员整体素质不高，农业生产的人员总体受教育程度较低。（1）专业治理人才不足，村“两委”缺乏资本运作、产品营销和市场拓展等的技能和经验。村集体缺乏引才、留才的条件和机制，专业经营团队难以引进和留任。现有成员普遍年龄较大、文化程度偏低，经营管理以及专业技术人员更是严重不足。随着集体资金资产存量的进一步扩大，资金和资产的使用与管理将成为推动新型农村集体经济发展的关键。（2）成员自主学习的积极性不高，对于专业知识的吸收速度慢且“等、靠、要”思想问题严重。缺乏有效的引入机制，外来人才难以吸收，高校毕业生及其他社会剩余劳动力真正留下并转化为农村实用型人才的并不多。人才入股参股机制难以普遍落实，个人与集体利益未实现有效联结。（3）人才队伍的培养机制不健全，标准化培训的缺失导致负责人能力参差不齐。地方政府缺乏相应的政策引导，不能带来社会力量的有效参与，社会联合培育新型农村集体经济人才的局面还需进一步打开。农村集体经济组织可供人才发展的平台小，村集体收益中财政补贴、拨款等政府转移性收入占比依然较高①。农村集体经济组织成员工资待遇低，2020年城镇集体单位就业人员平均工资近7万元，而农林牧渔业城镇集体单位就业人员平均工资约4万元。

---

① 李韬，陈丽红，杜晨玮，等.农村集体经济壮大的障碍、成因与建议：以陕西省为例[J].农业经济问题，2021（2）：54-64.

四

共同富裕背景下内蒙古农村新型集体经济的思路构建

新型农村集体经济是适应农村新形势的必然选择，具有促进农民增收和生活富裕的作用，体现在持续增收、村庄建设、公共服务和生活质量等方面。新型农村集体经济的基础更加坚实，呈现出开放包容、共建共享的发展理念，创新融合、互利共赢的发展路径以及动态演变、与时俱进的发展形态[①]。未来应在调整优化农村经济结构的同时，带动农民增收致富，缩小乃至消除城乡差距。

（一）新型农村集体经济发展的趋势研判

1. 新型农村集体经济应具有开放包容、共建共享的发展理念

新型农村集体经济应具有开放性、包容性、共享性的战略思维，打破短期固化的成员确认与股权设置约束，逐步构建起从封闭到开放、从静态到动态的成员管理和股权管理体系，实现集体成员流动有序、资产股权规范管理。更为广泛接纳不同的主体、要素和思想等，为各类人群创造平等的发展空间、提供平等的发展机会。摒弃集体经济组织俱乐部物品成员“独享”“搭便车”等思维桎梏，深挖集体资产的内在价值，通过合作与联合构建紧密的利益联结机制。

2. 新型农村集体经济应处理好劳动者主体地位与生产率关系

“劳动者对尽力节约劳动时间和生产资料都很关心，因为生产是为人民利益服务的。”[②]劳动创造了人本身，但不同社会形态中的劳动者对劳动的感受不同。剥削制度中，劳动者对劳动的感受是消极的、被动的、痛苦的，劳动者付出的劳动越多，劳动者被奴役的程度就越深。劳动者成为生产资料的拥有者，劳动成果属于劳动者所有，对劳动的感受就是积极的、主动的、愉悦的。在农村集体中，所有成员都是平等的劳动者，最大限度地实行了劳动的普遍化，能够比私有化企业更好地提高劳动生产率。

① 倪坤晓，高鸣.面向2035年的新型农村集体经济：内在逻辑和动态趋势[J].华中农业大学学报（社会科学版），2022（5）：68-77.

② 毛泽东读社会主义政治经济学批注和谈话（上册）[Z].北京：中华人民共和国国史学会，1998：436.

3. 新型农村集体经济应处理好收入财富的积累与分配的关系

农村集体要有能力发展下去，就需要不断积累发展的条件，即需要把集体劳动成果中的一部分用于扩大再生产，在社会主义集体中，生产目的是满足人们的需要，对村庄所属各种资源的合理使用是可能的；而在追逐利润的环境中，必将导致无限度地消耗各种自然资源。在集体村庄里，集体的强大会使每个家庭生活得更好，家庭之间没有巨大的贫富差距；在非集体村庄，能力强者收入高，能力弱者条件差。集体成员有平等的参与劳动的权利和义务，劳动成果归集体所有，集体把劳动成果的部分用于扩大再生产，把另一部分用于集体成员的生活消费。随着生产能力的不断提升，按劳分配部分逐渐减少，按需分配部分逐渐增加[①]。

4. 新型农村集体经济应走出创新融合、互利共赢的发展路径

全面准确把握集体经济的发展规律，在经营形式、产业业态、生产要素等加快融合步伐。发展多种形式的适度规模经营，促进家庭经营、集体经营、合作经营和企业经营等协调发展，打造农业全产业链融合产品；突破单一农业的发展限制，统筹整合农村空间资源尤其是优势产业和地域文化资源，优化乡村产业功能布局，更好地服务于小农户和现代农业有机衔接的进程；创新土地、人才、资本和技术等要素整合手段，推动制度框架、管理方式、利用效率向纵深发展。

5. 新型农村集体经济应呈现出动态演变、与时俱进的发展形态

应识变、应变、求变，对于无资源优势、无区位优势、无产业基础优势的集体经济薄弱村而言，尽早探索出内生动力和外部帮扶双重作用下可持续增收之路，积极谋划新目标、新路子、新方法。借助已有的发展优势将集体经济“做大做强”，或融入城镇化重组或以另外形态存在[②]。但劳动者都是企业的主人，需要弘扬集体主义、爱国主义精神，需要弘扬精益求精的工匠精神等。

（二）新型农村集体经济发展的基本条件

集体经济发展相对薄弱，甚至出现较大面积的“空壳村”。新型农村集体经济离

① 赵意焕.农村集体经济的历史传承与时代创新：兼论列宁关于合作社不等于集体经济的理论[J].政治经济学研究，2022（1）：66-77.

② 倪坤晓，高鸣.面向2035年的新型农村集体经济：内在逻辑和动态趋势[J].华中农业大学学报（社会科学版），2022（5）：68-77.

不开相应的内外部条件，如强有力的组织者、完善的法律制度和开放公正的市场环境、合适的体制机制，乃至国家战略安排等。

1. 新型农村集体经济发展壮大的内部条件

（1）强有力的组织者。家庭联产承包制后生产劳动成为各家各户自己的事情，集体性逐渐分解为个体性，村主任或村支书的权力弱化，导致村集体经济发展缺乏“主心骨”。农户组成的家庭个体情况各异，生产能力、生产内容、利益目标各不相同，与村集体所要求的统一性、集中性产生矛盾，需要有一个组织者把众多分散的家庭个体凝聚起来。综观全国农村集体经济发展较好的榜样名村，衍生出来的股份制、股份合作制，都有一个强有力的组织者和带头人。

（2）支柱产业和企业集团。农村产业结构发生了较大变化，开始引进社会资本和外部企业，由单一农业种植业走向农工商旅服务等三产共同发展，村集体必须形成相应的支柱产业。全国集体经济发展较好的乡村，大多围绕一个以上主导产业形成多元化的产业体系，已经形成农业、林产品加工、金融、教育、旅游、康养为主导的多产业并举发展格局。

（3）公平合理的分配机制。农村集体可持续发展必须拥有内部管理规范，收益能够公平合理分配给农民，能处理好分配和积累的关系。当前“空壳村”现象在于过于强调“分”以致贫富差距逐渐拉大，顾及不到代表全体农民利益的村集体发展。不论集体制、股份制、合作制，还是“政经合一”或“政经分离”，都要妥善处理好村集体收益的分配问题，让全体农民走上共同富裕之路。

（4）集体信念和合作文化。需要全体农民有着共同致富的集体信念和合作文化，能够在组织者或带头人的带领下进行合作，能正确认识个体和集体的关系。全国榜样名村案例都信奉集体主义，有着良好的合作文化。要“再造”集体经济，就需要凝聚全体村民，形成良好的合作文化氛围。

2. 新型农村集体经济发展壮大的个体特征

（1）生产者特征。大部分农民对集体主义重新认可，营造了较好的社会氛围。个人特征对农户家庭的生产决策等有着重要影响，男性和女性的行为会表现出明显差异，年龄较大的农户转移进城的难度较大，年龄越小的农户进城转移就业的可能越大，相对更愿意退出集体收益分配权以获得补偿。受教育水平较高的农户对集体收益分配权的权能有着更高的预期，所以有着较低的退出意愿。

（2）家庭特征。家庭收入水平对农户集体收益分配权有着显著的正向影响，家庭收入水平越高对集体收益分配权的依赖较弱，尤其在集体收益分配权权能尚未充分体现的背景下，更愿意退出集体收益分配权获得补偿。农户家庭的人口数量关乎其家庭的生产、消费等决策，也影响到其转移进城的难度。

（3）农户分化。大量的农户不断分化，地位的变化对农户财产权利价值认知和产权偏好产生影响，造成其对农村财产权利的依赖程度的差异。农户不断分化并未提高其集体收益分配权退出意愿，分化程度较高的农户更倾向于继续持有集体收益分配权。当前农村集体经济“空壳化”普遍的情况下，是否获得相应的集体收益分红对其集体收益分配权的退出意愿有着重要的影响。

（4）乡土依赖。承包地、宅基地长期以来具有突出的社会保障属性，农民对故土存在乡土情结。农户对农村的心理依赖越严重，越不愿意退出集体收益分配权，即使进城非农就业之后，仍有较强乡土情结的农户不愿退出集体收益分配权。抓好村党委、村民委员会“两委”建设工作，把有能力、有服务意识的带头人“找出来”，把外出务工、有经验和基础的“能人”请回来。

（5）分红经历。农户是否获得过集体收益分红对集体收益分配权的退出影响明显，当前农村集体经济组织“空壳化”严重，集体经营性资产较少，集体收益分配权的权能依然较弱，农户获得过集体收益分红的比较较少。

表4–1　变量选择、统计特征及预期作用方向

	变量	赋值	预期方向
生产者特征	性别	男 =1；女 =0	+
	年龄	农户年龄 / 岁	–
	受教育程度	小学以下 =1；小学 =2；初中 =3；高中 =4；大学及以上 =5	+
家庭特征	家庭收入	样本家庭总收入 / 元	+
	家庭规模	样本家庭人口数量	–
	城镇住房	城镇住房数量	+
农户分化	农户分化	纯农户 =1；农业兼业户 =2；非农兼业户 =3；非农户 =4	+
乡土依赖	心理依赖	不依赖 =1；部分依赖 =2；潜在依赖 =3；重度依赖 =4	–
	现实依赖	未退出 =0；退出承包地或宅基地 =1；退出土地且退出宅基地 =2	+
分红经历	收益分红	是 =1；否 =0	–

资料来源：李荣耀，王欢，迟亮.农户分化、乡土依赖与集体收益分配权退出[J].华中农业大学学报（社会科学版），2020（3）：149-159.

3. 新型农村集体经济发展壮大的外部条件

（1）宏观经济稳定的大环境。国家宏观经济稳定奠定了良好的宏观环境和广阔空间。农村集体经济发展经历了不同的时间阶段，形成了允许各种实现形式并存的政治和经济环境，集体经济呈现出多种实现形式，既有统分结合的承包制、延续人民公社时期的“政社合一”制，也有适应市场经济发展的股份制和合作制，乡村能够按照各自实际或不断创新。党的十八大以来，倡导和鼓励农村集体经济振兴发展的良好政治氛围和政策条件，相关部门也出台系列具体的推动政策①。

（2）集体产权制度安排。良好的政治和经济环境是通过各项制度安排得以实现的，集体经济发展要有清晰的集体产权制度和法律制度。土地确权、颁发林地和宅基地权证以及清产核资工作，集体产权归属、集体组织地位等方面的制度规定，对土地的所有权和经营权、处置权、收益权等方面做出灵活处理，确保村集体和农户由此得到收益。党中央对农村基层党组织建设非常重视，建章立制、有序整治、稳步建设，村级经济组织蓬勃发展。

（3）城乡融合状态。靠近城镇地区的农村相对有着更多的集体经营性收入的途径和来源，这影响到农户集体收益分配权的权能认知。距县城较近的村有着更好的发展条件，农民更愿意退出集体收益分配权获得相应的补偿，换取城镇的医疗、教育、养老等社会保障条件②。

4. 新型农村集体经济发展壮大的条件耦合

仅靠外部力量的“输血”式帮扶难以实现乡村振兴，容易导致“外部行动而内不动”的困境，必须强调乡村内外部力量的互动，并将激活乡村发展的内生动力作为最核心和最根本的目标。

（1）激活乡村内生动力的两种理论逻辑。关于如何激活乡村内生动力，有两种比较具有代表性的理论，即新内源发展理论与自主治理理论。一是新内源发展理论。第二次世界大战之后，为解决乡村发展停滞问题，世界各国纷纷出台了刺激农业生产的政策。但外源发展理论过于强调乡村外部力量，引致乡村资源被城市大量攫取，乡村的文化、生态环境等资源遭受了严重的破坏。19世纪80年代产生了以本地化社会动

① 陈全功.农村集体经济发展壮大的条件析论：基于全国榜样名村案例的总结[J].理论导刊，2018（11）：59-64.

② 李荣耀，王欢，迟亮.农户分化、乡土依赖与集体收益分配权退出[J].华中农业大学学报（社会科学版），2020（3）：149-159.

员行动为核心的内源式发展理论，通过充分利用乡村土地、劳动力、生态环境等要素实现自主性发展，但在实现自主性发展的过程中应该排斥外部力量。随后产生了强调乡村内部力量与外部力量互动的新内源发展理论，认为乡村可持续发展需依赖内外部力量的有效互动。二是自主治理理论。自主治理理论要解决以公地悲剧为表征的个体理性与集体理性相背离的集体行动困境，成为研究激活乡村内生动力的良好理论工具。Ostrom（1990）提出并检验了关于集体行动制度演变的假说，归纳出成功的集体行动的八项制度设计原则，进而避免集体行动困境的发生。通过制度设计促成集体行动是激活资源使用者内生动力的具体机制，但自主治理理论主要解释相对封闭的公共池塘资源的占用与供给问题，内蒙古农村发展面临的情境更为复杂，与乡村需要外部力量注入来激活内生动力的开放现实并不完全匹配。

（2）“外部激活+内部重塑”下激活乡村内生动力的机制。新内源发展理论指出，乡村在生存和发展过程中需时刻协调与外部力量的关系，这一过程往往体现为“自上而下”的外部力量与“自下而上”的内部力量之间的互动。自主治理理论回答了如何实现公共事物的可持续供给问题，实质上通过制度设计促进集体行动，形成公共事物供给的过程。以工商资本为代表的城市要素下乡促进要素从城市流向乡村，乡村内外部力量之间的互动将逐渐形成，但存在侵蚀国家目标和乡村利益的风险。乡村外部力量主要有地方政府和社会力量，地方政府依据政策为乡村建设提供资金支持和政策推动力，社会力量为乡村发展提供必要的专业技术或资金支持。乡村的内部力量主要包括村民自治组织以及集体经济组织，外部力量推动乡村内部系统重塑，使乡村外部注入的资源转化为乡村内部的发展力量。社会资本不仅能为乡村带来新的价值，还能为乡村内部人与人之间的合作创造潜在动力。社会资本重建包含社会网络规范、互惠关系和信任等层面的内容，乡村居民纳入使用和分配新资源的同一个社会网络中，在新的社会网络规范下，建立了乡村居民个体与村集体之间的互惠关系，由此增强乡村内部人际互信。

（3）“外部激活+内部重塑”下激活乡村内生动力的路径。一是外部激活：政策推动下的外部资源注入。乡村振兴战略的提出从战略层面为乡村发展提供了制度保障，各地方政府依据乡村振兴战略的总体部署推进各地乡村的发展。地方政府整合乡村发展资金，形成了乡村振兴示范建设专项资金。政府派驻第一书记等为乡村建设提供领导力，成为重新激活乡村内生动力的重要外部力量。社会力量为乡村建设提供专业规划。二是内部重塑：内部规则的建立与社会资本的重建。内部规则的建立让村民成为项目的主体和受益者，在收益分配规则的激励下村民重新将其个体利益与乡村集体经济发展相连接，最终提高了乡村居民参与乡村建设的积极性。外部力量与村内居民产生了互动，实质性地推进了乡村居民互惠关系的重建，重塑了乡村内部结构与村民之间的社会资本。三是“外部激活＋内部重塑”下乡村公共服务的供给。生态环境得到了很大程度的恢复和改善，构建了村内良性水循环系统。新的利益分配规则让村民获得了分享乡村发展收益的权利，也激励着村民自发维护与完善这些制度。形成了具有地域特色的乡村人文景观，也有村规民约公开处理村民纠纷与冲突的场所①。

（4）“外部激活＋内部重塑”下激活乡村内生动力的动态过程。在外部冲击下，集体经济重新进行价值捕获与提升，战略耦合模式由外向型重构转变为以企业为主导、地方为基础跟随国家发展政策主张的本土化耦合。投资企业成功嵌入本地经济与社会网络时，可以获取更多的外部资源和信息以分散风险。外部冲击造成的解耦合是被动的、暂时的和突发的，当内部利益出现明显分歧时，耦合双方会发生摩擦、冲突甚至决裂，战略耦合需要有意识与积极的干预。根据区域和跨境投资企业之间的权力关系和控制依赖关系决定，可分原生性耦合、功能性耦合和结构性耦合。当外部条件与他们的需求不匹配，就会做出撤出被投资地区的决定。产业的韧性演化路径划分为四个阶段，即从初创企业落地至产业成型阶段，促进其拓宽市场、衍生产业的诞生、创造新的发展路径②。

表4-2　产业的本地耦合模式与韧性演化

阶段	初创企业落地	产业发展壮大	企业集群集聚	开拓海外市场
耦合模式	—	—	依附式耦合	合作式、互惠式耦合
耦合机制	—	—	替换供应商、培育双市场，空间黏性升高	功能扩展、制度匹配，将生产定位至国家层面，空间黏性进一步升高
触发耦合因素	劳动力、自然资源优势	劳动力、自然资源优势	国家与地方政策、市场	国家与地方政策、市场

① 苏毅清，邱亚彪，方平．“外部激活，内部重塑”下的公共事物供给：关于激活乡村内生动力的机制解释[J]．中国农村观察，2023（2）：72-89.

② 孙继平，韦素琼，游小珺．外部冲击下台资产业的战略耦合与本地发展韧性：来自永福高山茶产业的实证[J]．地理研究，2023（5）：1200-1214.

续 表

阶段	初创企业落地	产业发展壮大	企业集群集聚	开拓海外市场
关系网络	区外原生网络，市场关系及资金、知识、技术信息的传递，封闭、锁定、纵向联结	区外原生网络、本地生产网络，厂商间的合作关系，关系网络，静态、封闭	本地市场关系与生产网络、全球生产网络，与本地企业的生产合作关系，对本地经济发展正向溢出并不显著	本地市场关系与生产网络、衍生本地生产网络、与本地企业的生产合作关系，动态、开放，对本地经济发展产生正向溢出
韧性特征	产业链与地方缺乏互动，“两头在外”的企业生产活动具有“孤立性”，韧性能力弱	“群落性”生存与发展，提升与地方的议价能力，隐性降低经营成本，经营较稳定，但产业链闭塞，根植性弱，韧性能力中等并存在衰退风险	较少出现显著产业升级或者创新，但与本地生产网络的连接替代了原有的生产网络，并开拓新市场更好应对冲击	相关多样性深化，竞争优势提高，产业转型升级，衍生产业分散了外部风险，韧性能力也随之增强并趋于稳定

资料来源：孙继平，韦素琼，游小珺.外部冲击下台资产业的战略耦合与本地发展韧性：来自永福高山茶产业的实证[J].地理研究，2023（5）：1200-1214.

（三）新型农村集体经济发展的遵循原则

面对新时期发展环境、制度条件的深刻变化，内蒙古新型农村集体经济要明确目标、优化手段，创新路径、更新形态，平衡短期目标与长期目标，妥善处理好政府干预与市场运作的逻辑，进一步优化集体福利与成员增收关系。

1. 平衡短期目标与长期目标，制定发展远景规划

自从中央2016年提出新型农村集体经济以来，部分地区制定了农村集体经济发展的相关规划、提升方案及攻坚行动，基本完成了农村集体产权制度改革阶段性任务。面向2035年、2050年的远景规划中，要充分剖析新型农村集体经济发展的内外部环境，不断完善现代企业制度、优化企业组织结构、健全激励和约束机制，明确新型农村集体经济发展的思路、原则、任务、举措。协调好长远目标和短期目标的关系，初次分配与再次分配的关系，集体统一经营与村民参与的关系。

2. 强化政策要求与市场发展的逻辑，构建风险防范机制

平衡农村集体经济组织与市场经营风险，开展集体经济发展产业风险评估，加强债务管理、控制和化解，探索建立经营风险防控机制。强化经营主体的甄别，考察经营主体的运营资质和能力，降低经营风险、防范短视化投机行为。完善集体产权交易

市场体系，用信息化手段、公开化方式压缩基层权力寻租空间。进一步调整政府、农民、市场、其他主体之间的利益关系，实现新的利益平衡[①]。

3. 注重集体福利与成员增收，科学确定收益分配

集体收益是集体经济组织赖以生存和发展的重要物质基础，是提升成员市场参与力的经济来源，合理的分配比例是集体收益分配的关键[②]。严守收益分配底线，严格保障农村集体经济组织的正常运行。坚持民主决策、效益优先、同股同权、同股同利的分配原则，构建体现技术和智慧等创新要素的收益分配制度，因地制宜完善奖励机制。准确核算组织收支和债务情况，严格落实“提取公积公益金—提取福利费—向成员分红—奖励分配”的分配顺序[③]。

4. 协同内部资产与外部要素，促进集体资产保值增值

新型农村集体经济的发展尚处于起步阶段，面临缺少项目启动资金、缺乏懂经营、善管理人才、缺失农业现代技术等困境，需引入外部要素激发新动能。集体经济组织更多地选择“借力发展”，通过合作经营或入股的方式开展内部自愿合作和对外开放合作[④]。整合内部资源、资产、资金，吸纳外部资金、人才、技术等要素，促进集体资产保值增值促进集体增收。此外，要充分发挥村民在议事会、监事会、乡村协会等自治组织中的作用，保证村民的知情权、决策权、监督权等合法权益，加强集体经济运作的监督和约束。

5. 坚持以党建为引领，发挥农民参与的积极性

坚持把党的全面领导贯穿新型农村集体经济全过程，把集体经济与乡村振兴、共同富裕紧密结合起来，构建与农业农村现代化相适应的长效机制。全面提升领导力、组织力、号召力、执行力，把农村党员培养成带富能手，把致富能人培养成党员，用组织振兴的力量把集体经济的方方面面融为一体。支持农民创新创造，充分活化农民的资源、资产、资金、技术、手艺等，让集体经济发展与农民增收同向而行，形成稳

① 田世野，李萍.新型农村集体经济发展的新规律：一个三维分析框架[J].社会科学研究，2021(3)：51-58.

② 李天姿，王宏波.农村新型集体经济：现实旨趣、核心特征与实践模式[J].马克思主义与现实，2019(2)：166-171.

③ 倪坤晓，高鸣.面向2035年的新型农村集体经济：内在逻辑和动态趋势[J].华中农业大学学报（社会科学版），2022(5)：68-77.

④ 程郁，万麒雄.集体经济组织的内外治理机制：基于贵州省湄潭县3个村股份经济合作社的案例研究[J].农业经济问题，2020(6)：43-52.

定规范的分配关系。

6. 紧盯“两山”促转化，激活村庄经营新动力

既不能走依赖上级补贴救助的老路，更不能走依赖资源、牺牲环境和保护落后产能的旧路，因地制宜发展农村新产业、新业态，积极发展“村播”经济、飞地经济、数字经济等。拓展绿水青山向金山银山的转化通道和生态产品价值实现路径，以村级集体经济组织市场化改革为动力，深化农村产权交易体系建设。鼓励村级集体经济组织成立经营公司开展市场化、竞争性运营，积极探索采用独资、入股、合资、合作等形式，鼓励实行片区组团、联盟、联合等发展模式[①]。

（四）新型农村集体经济发展的重点任务

1. 集体经济的持续增收问题

农民持续增收的主要来源可能不是集体经济，但集体经济为农民持续增收奠定了坚实的基础。集体经济增收成效明显，但持续推进则将遇到收益瓶颈突破的难题。随着国际贸易保护主义势力的抬头和国内产业转型升级的推进，企业生产成本普遍上涨、出口受阻、利润下降，必将对集体经济产生影响；集体经济收入通常会盘活新的资源、扩大新的项目，但单个行政村空间的有限必然导致资源要素的制约，难以实现大区域的统筹和规划。

2. 农民生活富裕问题

新型农村集体经济项目中，村民股份占比较小，股份分红难以对居民收入和生活带来实质影响。农业种植、环卫、绿化等工作可以获取一定的劳动收入，解决部分中老年的就业问题，但整体上缺乏稳定性、劳动报酬较低、吸纳就业容量有限。村集体经济可持续增收瓶颈的制约，大多数村集体只能维持本村基本运转管理所需，没有能力反哺农民。

3. 低收入群体能力提升问题

推动低收入群体持续较快增收，提升低收入群体增收能力，是加快缩小居民收入

① 方杰.发展新型集体经济推动乡村共同富裕[J].农村经营管理，2021（11）：1.

差距的重要目标。注重让低收入群体参与新型农村集体项目分享股份分红，凭股金分享收益分红，并且采取保底方式。但低收入群体更多的是在村集体带动下的被动入股，自身脱贫的主动性调动有限①。

4. 乡村建设的人才开发问题

农村集体经济人才队伍的整体质量较落后，城市优越的工作机会和生活条件对农村人口产生了虹吸效应，乡村人口外流导致农村集体经济人才队伍后备力量不足。农村集体经济人才需求明显增加，人才不足的短板进一步凸显，乡土人才与外来人才均难以被吸引，长此以往形成恶性循环。

5. 村庄基础设施建设问题

村集体经济发展始终坚持和践行村民福祉导向，“为人民服务”宗旨和改善村民福祉的发展导向。居住环境和硬件设施是农民富裕富足生活的重要外在呈现形式，集体经济与村庄建设结合在一起，部分集体经济收入用于基础设施和村容村貌建设投入，实现村庄绿化、亮化、美化、智能化。探索绿色产业发展之路，吸引社会资本和人才返乡，增添了村域经济发展活力。

6. 文明乡风建设与治理问题

精神文明是共同富裕的重要内容，集体经济凝聚村民的向心力，为培育乡风文明奠定了基础。坚持自治、法治、德治统筹推进，完善村务监督委员会职能，打造法治红色网格；推动移风易俗，改变红白喜事大操大办、人情攀比的习惯；组织丰富多彩的文化活动，丰富村民文化生活，也对外展示村庄魅力。生活服务和公共服务是衡量农民生活质量的主要方面，集体经济与村民的利益联结，不断提高村民生活质量。通过集体经济积累建起医疗卫生保健站、幼儿园、小学，健身设施等休闲文化活动广场，村庄集中污水处理厂。

① 曾现锋. 新型农村集体经济促进共同富裕的内在逻辑分析：基于浙北P市的案例考察[J]. 云南农业大学学报（社会科学），2023（1）：90-97.

（五）新型农村集体经济发展的实现机制

1. 新型农村集体经济动力机制：党建引领

集体经济离不开基层党组织的强力保障。习近平总书记指出："办好农村的事，要靠好的带头人，靠一个好的基层党组织。"[①]党委、政府主要负责同志要亲自抓、负总责，统筹工作安排、完善工作机制、加强督促考核，全方位提升基层引领发展、服务群众等方面的能力素质，着力提升经营、管理、服务能力和水平。加大对资产资源少、集体经济薄弱村的帮扶力度，创新帮扶方式，采取部门牵头、财政支持、企业援助、共同扶持等办法。组织开展人才梯次帮带培训，支持农业科技人员、科技特派员等带技术、带项目入股农村集体经济组织或开展合作研发，监测集体经济运行状况、目标任务完成情况、工作责任落实情况，提升信息化、精细化管理水平。强化考核激励，将村级集体经济纳入乡村振兴战略实绩考核，夯实各级党委、政府主体责任，探索开展"固定工资+奖励绩效"制度[②]。

2. 新型农村集体经济认同机制：统一价值观

在乡土社会转型的背景下，集体主义文化认同内涵也发生变化，不仅包括传统社会伦理道德，而且包含政治系统所倡导的价值观，还要融入市场经济的理念，将组织内部的关系演化为一种类似家庭成员之间的关系，共同形成了基于经济利益所形成的集体合作精神以及为弱势群体提供生存保障的集体道义。乡村振兴战略和共同富裕政策与集体致富的观念相契合，村民的集体主义认同感达到了空前高度，驱动村民自觉参与集体经济的发展。

3. 新型农村集体经济的增长机制：物质基础

个体农户依托合作经营模式打造新型农村集体经济发展模式，以集体累积为个体农户经营发展承担市场净收益的前期成本，有效化解家庭经营的发展困境。个体农户以种养殖生产要素入股，使分散的个体农户经济实现协调整合，实现个体农户生产经营风险最小化。结合各地农业生产力的差异对农业生产关系进行调适，创新"农户家庭经营+集体经济组织""农户+集体合作社""农户+合作社+企业"与"混合股份

① 中共中央党史和文献研究院.习近平关于"三农"工作论述摘编[M].北京：中央文献出版社，2019：189.

② 河北省委办公厅，河北省政府办公厅.关于进一步发展壮大农村集体经济的若干意见：冀办〔2021〕12号[A].

合作制”等形式。在产业选择上结合市场需求动态和自身资源优势，确定产业融合和产村相融的发展模式，兼顾农村集体经济的经济性与社会性[①]。

4. 新型农村集体经济经营机制：内在支撑

从“低效”走向“高效”市场机制是资源配置最有效路径，许多发展中国家长期陷于贫穷在于产权缺失，土地、房屋等大量资产被闲置，难以激活[②]。依托村里区位优势、优美环境、优质产业、成熟物业等资源，组织村集体和村民以资金、土地、劳动力等形式入股，发展适度规模经营，实现资金、土地要素等资源的高效利用。我国大多数农村集体经济不仅有发展社区的职能，更有社区管理的职能[③]。基于村企业与村委会构建“村企合一”的生产经营体制，通过村干部兼任新型农村集体经济产业负责人，降低新型农村集体经济经营管理成本，防范新型农村集体经济资产的隐性流失。

5. 新型农村集体经济分配机制：利益共同体

构筑科学合理的集体经济积累共享机制，遵循“利润导向、统分结合、服务社会”的基本原则，通过公积金或者公益金等村提留形式获得集体积累[④]。按照适当的比例分配给集体企业、村民与村集体，最大限度地把农民的积极性、能动性发挥出来，构建农民与集体相关联的利益合作机制，主动配合、参与集体项目建设经营。作为保障民生福祉与公益事业所需的公共财政资金，促进基础设施建设、文化活动中心与民俗作品展览中心，为农民群众文化活动与生产生活提供必要的保障。股份制改革也能让农村集体经济兼顾其社会性，包含了一定比例的集体股份或公共事业股份，设有一定量普惠性的福利股份，向村民提供公共产品与公共服务提供了可能，增强村庄内部的向心力和凝聚力。

6. 新型农村集体经济帮扶机制：政策导向

强化政策支持与创新，从财政资金保障、税收减免与资源赋权等方面构建政策体

---

① 卢祥波.共同富裕进程中的农村集体经济：双重属性与平衡机制：以四川省宝村为例[J].南京农业大学学报（社会科学版），2022(9)：23-32.

② 赫尔南多·德·索托.资本的秘密[M].北京：华夏出版社，2017：5-6.

③ 黄祖辉，李懿芸，马彦丽.论市场在乡村振兴中的地位与作用[J].农业经济问题，2021(10)：4-10.

④ 李天姿，王宏波.农村新型集体经济：现实旨趣、核心特征与实践模式[J].马克思主义与现实，2019(2)：166-171.

系。农村集体经济发展基础参差不齐，各级政府可设置新型农村集体经济专项资金，薄弱村与“空壳村”给予财政资金支持与经济项目倾斜①。对零散化的政府项目资金与各类涉农资金进行整合，用以扶持新型农村集体经济实体发展。出台实施税收优惠减免与贴息贷款等政策，强化新型农村集体经济资源赋权。构建考核与奖励、上缴与分成有机结合的农村集体积累制度，促进企业遵循市场规律有效运转，调动经营管理人员与企业员工的生产积极性。构筑农村产权交易平台，推动土地承包经营权、农户宅基地使用权与集体资产股权的流转交易，探索跨社参股与股权抵押等方式向农村农民充分赋予财产性权利。

7. 新型农村集体经济保障机制：法律供给

明确农村集体资产所有权归属于新型农村集体经济组织成员，保障其充分享有使用集体资产与公正分配收益等权利，地方政府与村“两委”需充分尊重新型农村集体经济组织作为自负盈亏、独立核算与组织经营的生产经营者身份②。国家在法律制度层面健全完善制度体系，促使新型农村集体经济组织内部机构遵循法律制度规范运行，引导其规范有序地参与农村集体经济事务③。产权结构、管理制度和治理机制所决定的与市场主体的差异，不会随着改革的深化而消失，因而新型农村集体经济必须处理好与其他市场主体的关系，避免重复竞争和相互挤压。

① 张新文，杜永康.集体经济引领乡村共同富裕的实践样态、经验透视与创新路径：基于江苏“共同富裕百村实践”的乡村建设经验[J].经济学家，2022（6）：88-97.

② 崔超.发展新型集体经济：全面推进乡村振兴的路径选择[J].马克思主义研究，2021（2）：89-98.

③ 李宁，李增元.新型集体经济赋能农民农村共同富裕的机理与路径[J].经济学家，2022（10）：119-128.

五

共同富裕背景下内蒙古农村新型集体经济的效应分析

内蒙古新型农村集体经济作为现代化的农村集体经济形态，强调彼此间协同发展与坚持发展混合型经济，符合社会生产力发展趋势和要求。新型农村集体经济不仅增强个体经济、家庭经济与私营经济在市场经济中的抗风险能力，遵循着“村集体财富增大→村民收入增加→城乡收入差距缩小→农民共同富裕”的演进路线，有助于促进农村社会公益事业建设，增进农村社会中的公平正义。

（一）新型农村集体经济发展的宏观效应

1. 整合要素资源、释放农村发展潜能

新型农村集体经济组织能做到合理统筹，有效整合村集体要素资源。对集体资源要素进行整体性开发，统筹各方力量，整合土地、劳动力、生态、历史文化，推进农业农村三产的深度融合。从分散的小农户到组织化和集体化，充分提高资源的利用率，有利于发挥内生性制度优势。新型农村集体经济作为永续载体，将村民的农村产权转化为持续性的资产性收益，推动组织之间的合并则可以整合更多、更大范围的资源。“三权分置”为土地要素再配置提供了制度支持，农业服务的社会化突破制约农业发展的技术瓶颈，尤其是数字农业技术强化资源整合的趋势。

2. 发挥集体制度优势促进农村共同富裕

新型农村集体经济是公有制经济的重要组成部分，其彰显了社会主义制度优势，克服家庭承包经营导致土地资源碎片化、“抛荒”等现象，对防止贫富两极分化具有显著优势。改变过去单打独斗现象，分散的农民被组织起来，避免集体项目被少数人控制、收益被少数人占有的局面，将集体所有制的制度优势转化为促进农村共同富裕的强大动力。村集体有效供给这些发展型基础设施，使村庄的产出和服务链条更加系统完整；提高本村的养老服务水平，有效补充国家的养老服务。

3. 推动农村经济社会的稳健发展

仅靠家庭经营、个体经营，难以更好地支撑农民实现共同富裕的目标，须以新型

农村集体经济提升农业规模化经营水平。新型农村集体经济能吸引科技资源、人才资源等各类优质资源向农村流动，保持农村经济的持续稳健发展，为促进农业农村现代化、筑牢农民共同富裕的物质基础提供保障。村庄与外界有了更为广泛的信息交流、市场沟通和人员往来，开阔了村民们的视野、激活了更多思维，并充分利用村庄特有的民俗文化、生态资源等公共资源进行整合打造，村庄的文化生活也日趋活跃[①]。

4. 有效提升了乡村治理效能

新型农村集体经济促进了农村基本经营制度的改革创新，为提升乡村治理效提供制度依据。从中央到地方都在积极推进相关法律法规建设，积极进行经济组织的民主治理实践，使组织的管理、决策、运行等方面更加规范化、民主化。由于具有管理民主、运行效率高和运行规范等特点，使广大农民能更好地分享经济发展的成果[②]。新型农村集体经济对村庄建设、村民发展进行持续投入，村民转变成为适应新型农村集体经济需要的创业者、管理者、劳动者，村庄治理体系呈现出“法治+德治”融合治理的良好氛围[③]。有了经济基础的村集体，村庄组织建设得到了强有力的支撑，能开展更多促进村庄良性发展的活动，有效实施更多的制度，大大提高了村规民约的制约力，全村的凝聚力更强，村民间关系更加和谐融洽。

（二）新型农村集体经济发展的微观效应

以股份合作社为代表的新型农村集体经济涌现出来，顺应农业农村现代化的发展趋势。内蒙古新型农村集体经济把人民公社化的“统”和家庭联产承包责任制的“分”有机结合，农民被组织起来、资源被整合起来、产业被发展起来，又调动了农户经营积极性，有效破解经营体系中“统”“分”困局。

1. 保障个体农户独立进入市场

农民独立进入市场需承担更多的固定成本，如劳动力、资金、科技与生产资料等要素投入的生产经营成本，需要承担的可变成本与生产经营规模扩张所带来的后期资金投入和产品销售产量呈正相关关系，个体农户的能力和市场准入门槛难以相匹配困

① 刘姝曼.乡村振兴战略下艺术乡建的“多重主体性”：以“青田范式”为例[J].民族艺术，2020(6)：135-143.

② 陈健.新发展阶段新型农村集体经济促进农民共同富裕研究[J].马克思主义研究，2022(12)：54-64.

③ 魏建.新型集体经济促进农村共同富裕的机制与路径研究[J].当代世界社会主义问题，2022(3)：13-22.

境使农村产业无法实现规模化经营。新型农村集体经济利用集体积累为个体农户分担市场收益的前期成本，借助集体累积投资兴建现代化与产业化的农业生产设施与种养殖配套设施，推动农村产业沿着规模化、专业化与市场化轨道发展，有效规避个体农户的生产经营风险，不断助推农民共同富裕实践进程。新型农村集体经济提高土地要素的市场化程度，提高土地要素利用率①。盘活农村土地资源经济效能，提升农村土地资源要素经济价值。

2. 依托农村市场化促进规模经济

分户经营充分满足家庭经营的发展需求，但在面对专业化、规模化与市场化的经济环境时会受分散化生产的限制，分户经营的生产方式因生产限制导致其缺乏持续竞争力，需克服分散化的生产经营弊端，实现集体累积与统一经营。内蒙古新型农村集体经济侧重于重构分散低效的生产模式，与市场力量进行密切合作，打造成集种植业、养殖业、深加工业与销售业等于一体的产业模式。充分规避、防范盲目性与自发性等市场风险，降低个体农户的市场化成本，引导个体农户走向市场化轨道，实现产业规模经济效应。集体经济推动集体土地承包向集体统一经营转型，促进农村产业发展与市场消费需求的精准对接，彰显新型农村集体经济的生产经营优势，有助于推动乡村产业振兴和农业农村现代化的进程②。

3. 提升农户市场地位与降低交易成本

新型农村集体经济通过整合各类要素资源和组织化运行，使自身在市场经济领域中的核心竞争力得到提高，且改变了个体小农户在与外来资本市场交易中弱势地位的状况，提升农户的谈判话语权，增强农户与市场经济融合对接能力。有利于抵制外部垄断、减少依附、公平竞争，克服小生产与大市场的矛盾，使广大农民尽快进入和适应市场③。

---

① 许经勇.理顺农民与土地关系是深化农村改革主线[J].湖湘论坛，2021(6)：119-128.

② 李宁，李增元.新型集体经济赋能农民农村共同富裕的机理与路径[J].经济学家，2022(10)：119-128.

③ 习近平.论农村改革发展进程中的市场化建设[J].中共福建省委党校学报，1999(7)：4-10.

4. 维护农民权益与缩小城乡收入差距

新型农村集体资产涉及农牧民的切身利益，是农民作为集体经济组织成员的主要财产，包括农民土地承包经营权、宅基地使用权、集体收益分配权等，以集体经营性资产量化到组织成员，增加农民财产性收入。新型农村集体经济的发展壮大，增强农村基础设施、公共服务配套建设、提供各种社会服务等硬件的投入，有助于发展科教文卫事业满足农民日益增长的精神文化需求。集体经济薄弱的乡村难以应对市场风险和自然灾害，农业增收不高、公共意识淡薄、村级治理滞后，进而城乡差距越来越大。新型农村集体经济构建利益联结机制，不断提升自我发展能力，充分发挥经营体制中“统”的优势，逐步缩小城乡收入差距①。

（三）新型农村集体经济发展的集聚效应

内蒙古新型农村集体经济组织具有技能互补、目的统一、责任分担等特性，具有内部效应、外部效应、负面效应及调节效应，尤其带动效应比较强。

1. 跨组织集聚的内部效应

集体组织内部互动形成创新效应、激励效应与节约效应。（1）创新效应。提供良好的社会文化环境，参与者平等地分配资源。开放、平等、自由的网络化特征，有利于提高生产和创新效率。（2）激励效应。集聚加剧了竞争，优胜劣汰产生生存危机感，产生持续不断的激励。转变人才培养的战略，走精品化、专业化的道路，能够互相启发、学习和交流。（3）节约效应。集聚产生规模效应，缩小空间范围，彼此的地缘、业缘相近，大大降低了搜寻成本。

2. 跨组织集聚的外部效应

集体组织与外部的交流产生品牌效应、示范效应与规模效应。（1）品牌效应。不断增强组织的竞争力与影响力，树立良好的“品牌”形象。（2）示范效应。形成示范和榜样效果，吸引更多、更优秀的人才和物质资源加入组织。（3）规模效应。集聚数量与质量达到一定程度便会产生规模效应，规模效应为分工提供了可能，使各单位专攻擅长的技术与领域，实现优势互补，激发潜能。

① 曾现锋.新型农村集体经济促进共同富裕的内在逻辑分析：基于浙北P市的案例考察[J].云南农业大学学报（社会科学），2023（1）：90-97.

3. 跨组织集聚的负面效应

集体组织人才集聚也可能产生负效应，包括拥挤效应和滞后效应。（1）拥挤效应。区域选择往往带有一定的盲目性，过度积累导致供过于求。跨组织集聚不可避免地产生新思想，也会发生种种冲突，会破坏人才个体之间的协作关系①。（2）滞后效应。观点分歧、心理认知差异、工作分工合作不协调等产生消极效应，过度竞争导致内耗②。不合理的人才集聚不利于效率的提升，也不利于资本的积累。

4. 跨组织集聚的调节效应

集体组织人才集聚效应的实现具有极大的不确定性，持续的冲突影响集聚组织的整体性能，必须及时采取措施规避风险。（1）冲突调节效应。任务冲突增加了认知成本，提供开放、交互、互信的工作环境，加快人才集聚的知识溢出与创新效应③。（2）心理安全效应。提升团队成员的心理安全、增强其自我效能感，提升其知识共享意愿和行为。提升内部合作意愿，建立知识交流共享渠道，减少沟通障碍。（3）风险共担效应。共同投入、资源共享、优势互补、风险共担，分散风险，避免机会主义行为。

此外，集聚效应还存在异质性。（1）区域异质性。东部地区凭借较好的地理优势成为先导，中西部地区的城市创新资源禀赋相对较少，更加需要通过与周边城市“组团”发展，企业可以从周围地区市场的外部性中获益。（2）企业异质性分析。大企业有更大的生产规模，有能力在周边邻近城市进行业务布局，能更好地利用周边地区市场的发展潜力。（3）行业异质性分析。不同行业的技术密集程度存在较大差异，高技术行业的创新质量要求更高，对高素质人才的需求更大。企业在行业内的话语权越大，越能更好地利用周边城市的市场空间进行扩张④。

（四）新型农村集体经济发展的防返贫效应

内蒙古新型农村集体经济发展与防返贫具有密切关联，由农村普遍特征与集体经济的自身特征共同决定。

---

① 张体勤，刘军，杨明海.知识型组织的人才集聚效应与集聚战略[J].理论学刊，2005(6)：70-72.

② 杨海波.知识型组织的社会资本集聚效应及其实现：以高等学校为例[J].中国成人教育，2012(8)：19-22.

③ 赵晨，唐朝永，张永胜，等.任务冲突与科研团队人才集聚效应：参与型领导的调节效应[J].科学管理研究，2019(10)：56-60.

④ 蔡庆丰，王仕捷，刘昊，等.城市群人口集聚促进城内企业创新吗[J].中国工业经济，2023(3)：152-170.

1. 农村的普遍特征：促进农村防返贫需新型农村集体经济

促进农村防返贫需要发展新型农村集体经济，原农村贫困地区除在人口、规模、地理位置等存在禀赋不足的基本特征，还普遍存在集体资产价值隐没、贫富差距显著、发展方式单一、劳动力短缺等特征。（1）新型农村集体经济激发资产价值，进一步完善集体资产经营管理和经营水平，又会作用于集体资产经营管理水平的提升，有助于提高集体资产的利用效果。新型农村集体经济不仅能吸引本地劳动力留乡返乡，还能吸引城市劳动力下乡，缓解农村劳动力短缺问题。（2）新型农村集体经济缩小贫富差距。农村大部分群体只能依靠土地来解决温饱，重病、重残、无劳动能力等特殊群体只能依靠救助维持生活，新型农村集体经济是以实现集体成员的共同发展和富裕为落脚点，每位集体成员都能从中获得持续稳定的收入。（3）新型农村集体经济促进多元发展。大多以农业为主要产业，小规模生产能够解决温饱问题，农户收入增长极易陷入瓶颈。新型农村集体经济将小农户聚合起来，突破传统发展模式，为农业产业结构的优化创造有利条件。

2. 集体经济的自身特征：新型农村集体经济能促进农村防返贫

集体经济是农村经济的重要组成部分，是公有制经济在农村的主要体现形式，注重集体成员的合作与联合、集体成员共同富裕等基本特征。新型农村集体经济进一步呈现出所有权关系明晰、成员身份清晰、组织治理民主、分配制度灵活等特征，不仅是推动农村经济社会发展的重要力量，也与农户利益高度联结。同时表明党和国家对于集体经济的重视和将其发展壮大的决心，也意味着集体经济正逐渐突破制度困境。打赢脱贫攻坚战并不意味着农村减贫事业的终结，有效阻断返贫致贫、逐步缓解相对贫困将成为新时期农村减贫的主攻方向，新型农村集体经济作为减贫的重要举措，在农村防返贫中也必将发挥重要作用。（1）农村的防返贫根本在于实现农村经济社会持续稳定的发展，新型集体发展壮大无疑能为农村经济发展提供助力。（2）新型农村集体经济与农户利益高度联结，集体成员能够凭借自己的股份参与分红，也将成为集体成员稳定和持续收入的来源。

3. 乡村建设的物质基础：返乡创业促进集体经济的情境框架

最初从创业者个体特征出发，考察创业者年龄、性别、受教育程度等对创业决策以及创业活动的影响，逐渐从创业者个体特征转向外部环境等更宽广的视野。（1）商业情境指创业所涉及的组织运营环境，包括产业和市场所处的生命周期阶段、市场竞争状况等。内蒙古农村正在经历市场化转型，小企业大量存在的地区更有利于创业，非国有企业占比高的地区更有利于创业。（2）社会情境是创业者所拥有的社会网络以及创业者的家庭或家族状况，决定了创业者所能获得的信息、资源、客户群体等要素。社会网络帮助创业者获得重要的信息和资源，会获得更多的民间借贷渠道，有助于创业活动的开展。（3）空间情境指企业的物理位置及企业所在地的区位特征，包括基础设施和房价高低等方面的区位特征。基础设施完善程度对创业活动影响巨大，如房价高低较为显著地影响创业的成本。基础设施越完善的地区越有利于创业的发展，且相比铁路和高速公路，宽带普及率越高的地区创业活动越活跃。（4）制度情境指能够影响创业活动的制度的统称，包括法律法规、政策措施等正式制度，也包括文化和社会规范等非正式制度。良好的正式制度支持将有助于创业活动的开展，环境约束越放松的地区越容易吸引污染型企业，环境管制对非高污染型企业的创业活动同样会产生影响。此外，研发和技术创新、人口老龄化等对创业产生影响，劳动年龄人口越充裕的地区越有助于创业，老龄化较为严重的地区不利于创业。

表5-1　创业活动地区差异影响因素的分析框架

创业情境的四个维度及内涵		已有研究的主要聚焦点
情境维度	具体内容	
商业情境	产业和市场所处的生命周期阶段、竞争状况	市场结构
		市场规模
		产业集聚
社会情境	社交网络、家庭或家族构成	社会网络
空间情境	企业物理位置、商业基础设施、本地社区和区位特征	基础设施
		房价
制度情境	正式制度和非正式制度	正式制度：法律法规、金融等方面的政策支持
		非正式制度：文化和社会规范

资料来源：林嵩，王珊珊.地区创业的国内外现状、驱动因素与未来研究方向[J].国外社会科学，2022（3）：73-92.

4. 新型农村集体经济防返贫需注意的事项

（1）提升农户收入。新型农村集体经济发展能为集体成员带来多维增收，确保集体成员收入的持续性和稳定性，有利于防止返贫致贫问题的出现。集中生产和跨区域协作的可能性提升，产生更多的技术溢出和管理共享效应，农户间交互行为也因此而加强。部分农民选择在城乡之间双向流动，在保障经营性收入的同时也获得了工资性收入。（2）促进农地集中。土地集中连片有助于生产集聚，实现内部规模化和专业化的横向分工，便于机械化和规模化经营。因地制宜推动土地适度规模集中，通过平整、置换等方式破解土地细碎化难题，充分发挥土地规模经济效应，提高机械化、信息化和智能化与农业的深度融合。土地规模释放出农村隐蔽性失业人群和农业剩余劳动力，引导农业劳动力合理流向和高效配置，同时进一步推进农民市民化进程，鼓励农户生产方式多样化、就业多元化，进一步缓解不平衡不充分的社会矛盾。（3）缓解相对贫困。反贫困目标都将服务于相对贫困人口生活水平的提高及其差距的缩小，不仅只有单一的经济维度，还包括教育、医疗等多个维度。集体经济是农民实现共同发展的一种经济形态，确保基本经营制度不被虚化、确保公有制在农村的主体地位，能够有效缓解相对贫困。新型农村集体经济能够提高集体积累，使村集体有能力在教育、医疗、养老等公共资源供给方面提供更好的保障[①]。（4）全面推进乡村振兴。把分散的农户家庭组织起来转化成为大规模的社会生产，以多种实现形式向加工、流通等各个产业领域持续拓展；组织农户开发新型资源，并将经济发展同生态保护结合起来；新型农村集体经济的水平决定着村集体对于本村社会事业的投入程度，也是吸引物质资本、人力资本、社会资本等各类资本聚合，直接影响着乡风文明建设水平；新型农村集体经济发展壮大，村级自治组织才有足够的物质基础为农户提供更好的服务，实现村干部与集体成员的良性互动；成员通过集体资产的增值而获得直接的财产性分红收益，还为集体成员创造就业机会，从多个维度确保集体成员收入的稳定性。（5）政策影响的异质性。提高最低收购价、加大补贴（良种补贴、直接补贴、农资综合补）、大型商品粮基地建设和农业保险等“一揽子”政策，都与农户的收入有着直接或间接的联系。同时，由于农户在种植规模、机械化使用水平、融资能力以及家庭人口等方面差异，所选择的生产生活方式也不尽相同，导致农户收入增长及收入来源差异，而社会公平、政策与农户收入不平等之间存在显著的调节效应[②]。

① 王曙光，郭凯.农村集体经济的减贫效应与内在机理研究[J].农村金融研究，2019（11）：3-9.

② 台德进，蔡荣.粮食主产区政策与农户收入不平等[J].华南农业大学学报（社会科学版），2023（2）：26-37.

共同富裕背景下内蒙古农村新型集体经济的模式比较

采取和运用何种发展模式，是推动新型农村集体经济发展的重要抓手。一直以来，党和国家从制度、资金、人才等多个层面，为农村集体经济发展提供政策扶持，探索了多种适宜的、有效的发展模式。（1）从始发状态来看，分为原发性和继发性两类。原发性是指村庄在计划经济时期发展较好，或是拥有经营效益较好的村办企业，在市场化进程中以集体经济为主体参与市场经济，逐步形成了适应市场经济的新型农村集体经济模式。继发性是指实行家庭联产承包责任制，农户单干形式不适应市场经济的弊端出现，村庄转而发展新型农村集体经济。（2）从经营方式上来看，分为全资公司、股份公司、经济合作社等形式。以村集体为依托形成的乡镇企业存在许多缺陷，后来发展为以公司的形式来与市场对接，多采用全资公司的形式经营集体经济。村民通过现金或者土地经营权入股，与村集体资产共同成立股份公司。经济合作社已能作为独立法人在上级主管部门登记，可以在市场上开展经营管理活动。（3）从发展的动力机制上，可分为自我积累型、城镇化引致型和乡贤带动型。自我积累型是通过农业或者工业方面的经营不断积累资金，逐步扩大集体经济的经营规模。城镇化引致型是城镇化进程中被纳入了城市的发展范围，村集体通过统一经营土地、发展房地产、房屋租赁等产业分享城镇化的红利。乡贤带动型是当地人在外经商积累了一定的资本和经验，有强烈的回乡造福故土的愿望。（4）从空间位置来看，分为城中村型、城郊村型、乡野村型。城中村占据特有的区位优势，有机会取得城市中的初始资本发展服务业、物业经济等产业。城郊村利用其区位优势，可发展物流经济，作为城市外围物流的中转中心。乡野村距离主要城区较远，根据自身的特点发展农业规模经营。（5）从产业类型来看，分为农业型、工业型、服务型。农业型是以农业作为主要产业的新型农村集体经济，农民通过土地入股，村集体通过农业基础设施入股，供销社通过服务入股。早期乡镇企业经过多年的市场洗礼，大多形成了集团化混业经营的集团公司，具有在市场经济中自我生存和自我发展的能力。对农田、资产等实行统一管理，提供农业专业化服务。新型农村集体经济发展的影响因素是多方面的，包括要素利用、主体带动、机制创新等，立足关键影响因素，集体经济组织可探索三大类新型农村集体经济发展模式。

（一）新型农村集体经济模式分类：资源、主体和机制视角

1. 基于资源优化利用的发展模式

农地、劳动力、宅基地、资金等是新型农村集体经济可发展的资源，利用此类资源的发展模式被归纳为资源开发型发展模式，又可称“入股分红型”。在土地资源丰富的农业类村庄，集体经济组织作为农户承包地流转的中介，提供有偿流转服务、获取经营收益；在城郊融合类村庄，通过出租、改造、购置等方式利用房屋、建筑物、专业市场等经营性固定资产，发展物业经济；在劳动力资源相对富余的村庄，组织当地农民有偿承接本地和周边区域劳务服务、家政服务、建筑施工服务等农村各类生产生活服务，推动集体创收；在乡村振兴重点帮扶地区，将各类财政资金和帮扶资金折股量化后，投入农业产业项目、新型农业经营主体中。

2. 基于主体有效带动的发展模式

依靠组织、能人或乡贤等主体带动发展的发展模式被归纳为物业管理型发展模式。集体经济组织积极发挥自身优势和先锋作用，培育本地懂管理、善经营、会技术、能动员的致富带头人，或者引进能力强、素质高的外出务工、求学等精英人才；村党组织和村集体经济组织等牵头创办合作社和企业等经营实体，开展集体经营；单位或社区建立健全集体资产使用权有偿承包制度，盘活改造村活动阵地、旧校舍、厂房等各类闲置或低效集体资产。

3. 基于机制创新的经济发展模式

通过体制机制创新、经营方式或组织方式转变发展集体经济，分为“产业带动型”“乡村文旅型”“服务创收型”等发展模式。抓住农村集体产权制度改革等相关改革机遇，激活闲置集体资产，增加集体经营收益；适应产业发展和规模经营需要的地区，立足特色产业、紧扣市场需求提供有偿的经营性服务；与社会资本合作开发，在本地或异地联合经营集体资产。此外，也存在各种因素组合发展混合经营型经济模式，实现产业发展、集体增收、农民致富的多赢局面。

（二）资源开发型模式：盘活沉睡资源创利

1. 基本特征

资源开发型是指村集体通过对村庄的自然禀赋、历史文化资源、人文资源等进行“资源”变“资产”，村民入股合作建立合作社，村集体开发或与其他主体联合合作开发的模式。对于村集体本身具有一定产业基础的村庄，在原有产业基础上进行创新升级，对产权结构进行明晰化，根据自身优势选择发展一种或者几种产业。利用当地农作物或水果进行集约化发展且向第二产业延伸，将小麦加工成食品、将苹果加工成果汁，利用连片经营的农作物打造各种文化节并逐渐发展第三产业，进而形成基于当地特色农产业的一二三产业链条。具有优美的山林水草、特色的手工艺等资源的村庄，可以发展旅游业、建立民宿、生产特色工艺品等，通过资源开发、发展第三产业壮大农村集体经济。利用改革机遇成立股份经济合作社，将集体资金、部分扶贫资金折股投入合作社，使村民变成股民，推动村内各种资源要素的充分流动，激发集体资产的潜能[①]。通过转包、出租及入股等方式，规模流转土地、草原经营权，兴建作物大棚、粮食加工仓储、牲畜屠宰加工、冷库等农牧业设施，引导现代农牧业项目；依托自然风光、森林资源、民俗风情、农耕（游牧）文化等，发展乡村休闲观光旅游、森林康养和花卉种苗产业，发展生态循环现代特色品牌农牧业。

2. 典型案例

鄂尔多斯市将壮大嘎查村集体经济作为旗区、苏木乡镇、嘎查村三级“书记工程”，推动“整村提升、整乡提升、整旗提升”示范旗乡村“三级联创”行动，形成了抓党建促乡村振兴和包联驻村工作整体合力。2022年，全市735个嘎查村集体经济收入全部达到15万元及以上，经营性收入总额达7.98亿元[②]。（1）鄂托克前旗资源禀赋较差，集体经济主要依赖于种养殖业、出租集体资产等，当地充分发挥党组织牵头抓总作用，制定印发《鄂托克前旗扶持壮大嘎查村集体经济项目和资金管理办法》及《鄂托克前旗发展壮大嘎查村集体经济实施方案》。建立“抓书记、书记抓”的责任体系，汇聚各镇、包联单位、驻地企业、嘎查村党支部书记、乡土人才、致富能手等多

① 崔超，杜志雄.发展新型集体经济：2020年后农村减贫路径选择——基于陕西省丹凤县的实地调查[J].农村经济，2022(4)：35-44.

② 高平，王潇.内蒙古鄂尔多斯市：项目示范带动集体经济增强内生动力[N].光明日报，2023-05-08(09).

元力量，形成了城川镇29门冷库集体经济联合体项目、上海庙镇海禾公司、昂素森晶村村联建饲料加工厂等特色集体经济示范项目。2022年，全旗68个嘎查村集体经济实现纯收入1 745.83万元，同比增长108.45%，平均收入25.67万元。坚持“服务围着企业转”原则，沙章图村等15个嘎查村（社区）联合组建海禾乡村产业发展有限公司，为工矿企业提供运煤线路道路清洁、固废处理、农产品供应等服务。城川镇针对辣椒、萝卜等特色农畜产品“储存难”问题，组织29个嘎查村抱团发展，整合资金290万元成立城川镇29门冷库集体经济联合体，每年为每个嘎查村带来至少2万元的分红，提供30多个就业岗位①。（2）2022年以来，杭锦旗各嘎查村立足区位特点和资源优势，培育发展了葵花色选、水产养殖等一批特色产业，探索“龙头带动”发展模式。杭锦旗巴拉贡镇山湾村特色有机果蔬产业示范基地共有大棚146座，吸收群众就业1 450余人，持续增加村集体经济的“造血”功能。锡尼镇锡尼布拉格嘎查生态环境脆弱、草场退化严重，当地巧抓18万亩草牧场改良契机，将草场改良后的柠条、羊柴等牧草进行深加工，形成“种植改良—机械收割—饲料加工—市场销售”生产模式，有效缓解畜牧业发展饲草料不足问题，受益群众达200户460余人，2022年村集体经济总收入预计可突破100万元。阿日善嘎查与辖区内企业采取“党建引领+村企共建+利益共享”发展模式，与伊泰化工公司合作开展费托蜡代加工项目，生产线每天最大产值120吨，每年村集体经济增收60万元。

表6–1　2022年杭锦旗集体土地概况

镇、苏木名称	嘎查村数量（个）	集体所有耕地			集体所有林地			集体所有草牧场		
		有地村数（个）	占比（%）	平均面积（亩）	有地村数（个）	占比（%）	平均面积（亩）	有地村数（个）	占比（%）	平均面积（亩）
锡尼镇	21	4	19	62.5	0	0	0	4	19	1 815
伊和乌素苏木	12	6	50	1 601.67	2	17	2 100	8	67	11 443
巴拉贡镇	6	5	83	5 214.2	1	17	300	2	33	27 500
呼和木独镇	5	5	100	8 044.8	3	60	387.67	2	40	68 000
吉日嘎朗图镇	12	4	33	6 225	0	0	0	0	0	0
独贵塔拉镇	15	7	47	10 152.6	3	20	20 048.67	4	27	7 575
塔然高勒	5	1	20	30	0	0	0	0	0	0

① 闫廷，刘英，陈静. 内蒙古鄂托克前旗多元发展集体经济鼓足农牧民“钱袋子”[N]. 消费日报，2023-02-28（08）.

表6-2　2022年杭锦旗集体组织和收入情况

镇、苏本名	嘎查村数量（个）	集体经济组织数量		集体经济项目数（个）	集体经营性收入（万元）		集体经济纯收入（万元）	
		公司数（家）	合作组织（个）		总额	村平均值	总额	村平均值
锡尼镇	21	5	24	70	750	35.71	511.70	24.37
伊和乌素苏木	12		12	48	301.725 4	25.14	271.284	22.61
巴拉贡镇	6		6	31	212.585	35.43	212.855	35.48
呼和木独镇	5	7	6	33	233.4	46.68	174.90	34.98
吉日嘎朗图镇	12		15	43	251.91	20.99	204.72	17.06
独贵塔拉镇	15		15	60	510.72	34.05	441.92	29.46
塔然高勒	5		5	15	232.6	46.52	187.92	37.58
合计	76	12	83	300	2 492.940 4	32.80	2 005.299	26.39

表6-3　2022年杭锦旗集体资金来源

镇、苏木名称	嘎查村数量（个）	政策补贴（万元）	自筹资金（万元）	资本积累（万元）	外部投资（万元）	贷款（万元）	企业捐赠（万元）
锡尼镇	21	8 241.515 4	360.7	25.6	10 551.775	350	238.7
伊和乌素苏木	12	2 985.32	109	50	80.5	100	160
巴拉贡镇	6	3 935	0	0	50	0	0
呼和木独镇	5	2 457.5	32.3	0	0	0	0
吉日嘎朗图镇	12	9 664.877	385.4	0	435	0	0
独贵塔拉镇	15	2 407.18	340.39	1.15	2 162.8	30	0
塔然高勒	5	6 724.05	1 525	0	759.6	0	0
合计	76	36 415.442 4	2 752.79	76.75	14 039.675	480	398.7

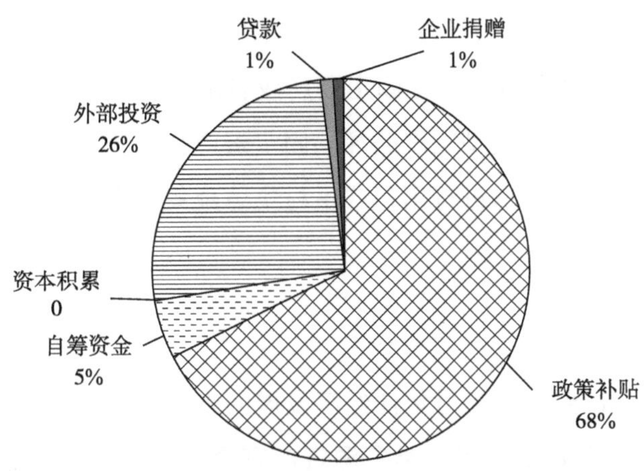

图6-1　2022年杭锦旗资金来源占比

3. 发展举措

（1）盘活闲置资产，对可经营、可利用的集体资产集中清理登记，发展多种经营，采取自主经营、租赁、抵押、承包、入股等方式流转，农户通过投工投劳入股。利用集体建设用地兴办标准厂房，建立新型种植、养殖合作社，通过经营收益、入股分红等途径。（2）土地入股，采取“公司+合作社+农户”方式，将生产要素转化为股份制，集体统一管理土地经营权。村集体牵头组织撂荒土地整治，实现土地规模化、集约化经营，统一提供种子、农药、肥料。（3）资金入股，坚持资金性质不变、投入投向不变、监管主体不变，投入企业、合作社实行市场化运作。财政项目资金投入产业建设基础上，产生的收益归村集体所有。（4）资产入股，大力引进适合本地发展实际的龙头企业，将村集体资产租赁给龙头企业，获得收益与分红用于壮大村集体经济。

（三）物业管理型模式：用好产业空间增利

1. 基本特征

健全集体资产使用权有偿承包制度，以村集体经济组织为投资主体，盘活村活动阵地、旧校舍、厂房等各类闲置资产，兴办商铺、农贸市场、农家乐经营等。将未承包到户的资源型资产，闲置的经营性资产以及非经营性资产进行整理，通过租赁经营、托管经营等方式实现集体资产保值增值。通过重新招租、租赁经营等方式，促进村集体收入增长。利用、挖掘乡村休闲旅游资源，创办农家乐、采摘园、农村民宿、休闲农庄等乡村旅游项目，或者流转闲置农房采取租赁、参股等形式与乡村旅游企业合作开发旅游项目[①]。对于具有一定固定资产或者地处城镇、工业集聚等区位条件好的村庄，可选择固定资产租赁型发展路径。固定资产是村集体建设的，也可以是村集体购买的，如将已有集体厂房进行出租或由村集体聚集资金建造厂房出租，最后将出租收益按股分给集体成员。

2. 典型案例

兴安盟乌兰浩特市着力破解村集体经济发展的难题，积极探索联村集体经济发展的新路径、新模式，有效整合了各类资源资产资金。截至2022年底，建设联村集体经济项目13个，辐射带动29个嘎查村，收益达到385.6万元。（1）葛根庙镇各村一直面临着村集体收益单一、后劲乏力、缺少特色产业，“单打独斗”、势单力薄。2019年，葛根庙镇党委依托全镇水稻种植优势，整合浩特营子、哈达那拉等10个嘎查村的项目资金，通过“企业+合作社+农户”的方式壮大联村集体经济收益。2022年，葛根庙镇稻米加工厂以土地租赁、向农户下订单的方式共种植8000亩水稻，每年增加嘎查集体经济共计31.5万元，带动灵活就业230余人。（2）太平嘎查、民合嘎查属于无资源、无资金、无资产的“三无”嘎查，发展长效稳定村集体产业起步比较困难，镇党委整合扶持发展集体经济项目资金，为两个嘎查购置门市商品房[②]。智能花卉栽植大棚是一个联村经济项目，与门面房项目不同的是，2021年义勒力特嘎查为提升乡村旅游主导产业，向“花乡小镇”定位靠拢。缤纷花卉基地占地3 000平方米，把义勒力特嘎查有土地无资金、西白音嘎查有资金无土地进行有效整合，实行资源共享、产业共兴、人才共用，形成“抱团”发展效应[③]。

3. 发展举措

（1）延伸产业链条，创办农民种植专业合作社，组织招引业主发展特色农庄、家庭农场等项目，带动周边群众致富。跨乡村资源整合，引导专业合作社通过流转土地、组织务工、种植托管等方式，实现村集体和群众“双丰收”。（2）抓住农业补贴等政策优势，积极引导社会资本、群众闲置资金参股集体经济组织。通过整合利用

① 刘晓玲.新型农村集体经济：核心要义、实践模式和经验启示——基于湖南省部分村庄的调查[J].湖南行政学院学报（双月刊），2022(3)：132-137.

② 村级集体经济看亮点：内蒙古乌兰浩特市义勒力特镇探索集体经济最优解[N].新华日报，2022-11-23(08).

③ 高敏娜，陈艳荣.联村集体经济模式闯出发展新路[N].内蒙古日报，2023-02-06(08).

资金发展新型农村集体经济，打造成集旅游、休闲、娱乐、采摘为一体的田园综合体[①]。（3）围绕本村主导产业和特色产业，积极兴办高效农业、设施农业、生态农业、观光农业示范项目，建设生产、加工和经营服务设施，推进农业产业结构调整，把农民增收和集体增效结合起来。（4）围绕农村产业结构和农牧产业化经营，引导村级组织依托龙头企业带动，增强村办企业活力，发展异地发展型集体经济。

（四）有偿服务型模式：促进集体经营创收

1. 基本特征

为农服务型指集体组织吸纳当地经营主体入股，在生产的全链条中提供购买农资、大型机械、销售农产品等统一服务，建立完善的全链条社会化服务体系，并积聚资本发展农产品加工业。集体经济组织将这些单个经营主体组织起来，为其提供水利修建、技术培训等服务弥补个体经营不足[②]。单个经营主体在购买机械、农资产品和销售时处于劣势地位，且无组织化的单个主体也难以聚集资本进行产品链延伸[③]。村级集体经济组织领办或创办专业合作社、农业服务队、村级电商网站等各类服务实体，统一提供有偿生产经营服务。建村级电子商务平台，通过电子商务平台向农民提供农资供应、农产品营销、公益服务等农业生产生活服务，将加工打包的农产品销给工会和自行线上下单的市民。

2. 典型案例

锡林郭勒盟按照“党建引领+产业富民”的思路，积极探索培育发展壮大集体经济的稳定模式和发展途径，实现了嘎查村集体经济快速发展。（1）正镶白旗将壮大嘎查村集体经济作为重大政治任务，78个嘎查村（场）集体经济年收入全部达到10万元，年收入20万元以上的嘎查村达51个，占比65.4%。根据立地条件将全旗划分为“三区三带”，差异化发展嘎查村集体经济，整合资金拓宽集体经济发展途径。整合各类涉农涉牧项目资金，累计投入 1.3亿余元在78个嘎查村（场）实施光伏电站、入资

① 崔超，杜志雄.发展新型农村集体经济：2020年后农村减贫路径选择——基于陕西省丹凤县的实地调查[J].农村经济，2022（4）：35-44.

② 王利云.乡村振兴的实践逻辑、理论逻辑和实现路径：发展新型农村集体经济的研究[D].上海：上海财经大学，2021：131-133.

③ 王文龙.地区差异、代际更替与中国农业经营主体发展战略选择[J].经济学家，2019（2）：82-89.

龙头企业、引进良种牲畜、特色种植、生态旅游等集体经济项目。（2）多伦县加快农业和农村现代化建设，破除单打独干亦能富的思想，增强发展村级集体经济的紧迫感和自觉性。发展具有一支凝聚力强、战斗力强、清正廉洁的村委班子，加大村干部教育培训力度，将有经济头脑、有实干精神的能人选进村级领导班子。探索土地股份合作社建设，并以土地使用权入股，村党组织成立“土地银行”，将分散土地集中后统一向合作社、规模种田大户等发包。发展绿色经济，杜绝污染经济，引进可持续发展的企业及产业。（3）东乌珠穆沁旗通过发展旅游、合作经营、出租草场等方式，探索出项目引领型、企业合作型、资源盘活型、能人带动型为主的发展模式，盘活了政策、资金、资产、人才等资源。全旗嘎查集体经济年收入20万～50万元的嘎查有19个，50万～100万元的嘎查有21个，100万元以上的嘎查达到8个，全旗62个嘎查集体经济年收入全部达到10万元以上。阿木古楞嘎查和扎格斯太嘎查利用生态资源优势，与旅游开发公司进行项目合作，每年带来20万元以上的收入。

3. 发展举措

（1）支持创办便民劳务合作服务实体和平台，为各类市场主体提供加工、流通、仓储等有偿服务，促进服务业由生产环节向产前、产后延伸。鼓励村级集体经济组织牵头成立合作组织，村集体开办物业，为农民提供物资采购、品牌注册、技术指导、产品销售等服务，鼓励农民开展家政、文化、旅游等服务，并探索金融、保险、通信等便民代理服务。领办农业种植合作社，开展土地托管服务，村集体统一耕种管收。（2）村“两委”是新型农村集体经济发展的中坚力量，能够有效带动新型农村集体经济发展。《中国共产党农村基层组织工作条例》规定：“党的农村基层组织应当因地制宜推动发展壮大集体经济……”选优配强村级领导班子，将有能力、会经营、懂管理的人才引进村级集体经济组织中来，有效推动了当地村级集体经济的发展。（3）构建公益性服务和经营性服务相结合、专业服务与综合服务相协调的新型农村社会化服务体系，开展技术指导、信息传递、物资供应、市场营销等生产经营服务，鼓励村集体利用互联网开展电商微商服务，以有偿微利的服务方式增加集体经济收入。

（五）混合经营型经济模式：资金的合理利用增收

1. 基本特征

内蒙古农村幅员辽阔，不同地区的农村资源、地理、自然条件、土地面积、工业化水平等存在较大差异，不同村庄也具有不同的资源禀赋和条件，为不同条件的村庄选择适合本村的路径[①]。新型农村集体经济发展路径选择时，应灵活选择，并不是说一个村庄只能选择一条路径，对于具备多条路径发展条件的村庄则可以综合发展。组织按照按股分红等方式，将集体资产和财政扶持资金等入股农民合作社和工商企业，支持乡贤联合创办企业、开发市场前景好的项目，并利用积累资金、政府帮扶资金等入股农民合作社、产业化龙头企业，以“村企联手共建”的方式引进有技术、有实力、有意愿的投资者创办现代农业项目。当然，专项资金不得用于偿还乡村债务、弥补企业亏损、建设公益设施、购置交通通信工具、发放个人补贴、购买金融产品等方面[②]。

2. 典型案例

发展壮大村级集体经济是巩固基层政权的重要保障，是有效衔接乡村振兴的重要抓手。近年来，呼伦贝尔市积极探索发展村级集体经济的新途径、新方法，出台《全市发展壮大嘎查村集体经济行动方案》，进一步创新发展模式、运行机制和管理机制。（1）阿荣旗六合镇保国村有家服装加工厂是2020年保国村使用扶贫资金、利用村里闲置房屋创办的村办企业，现有工人30多名。曙光村，兴茂新能源生物科技有限公司利用农作物秸秆、拆迁木料、废旧杂木、玉米芯生产生物质燃料颗粒，是中央财政扶持资金和村民集资共投资320万元建设的。消纳村里60%以上的秸秆，企业每年的纯利润五六十万元，除去为入股的村民分红，其余就是村集体的收入了。还投入2.6亿元建设了8个扶贫牧场，目前已建成5个，收益覆盖全旗148个村。2019—2021年，使用中央及地方扶持集体经济专项资金3 500万元，扶持28个村集体经济项目。2021年，全旗集体经济经营收入5万～10万元的村62.16%，10万～50万元的村35.14%，

① 沿用了苑鹏、刘同山（2016）关于新型农村集体经济发展路径的划分以及四种发展路径的概念。在此基础上分析这些路径适合的村庄类型，进一步为我国不同条件的村庄选择适合的路径发展新型农村集体经济。

② 内蒙古自治区扶持发展壮大嘎查村级集体经济项目和资金管理办法[A/OL].（2021-09-08）. https://czt.nmg.gov.cn/zwgk/zfxxgk/fdzdgknr/gfxwj/202111/t20211111_1939495.html.

50万～100万元的村2.7%[①]。（2）海拉尔区奋斗镇和平村壮大集体经济，道地药材良种繁育及仿原生态种植建设项目依托和平村4 966亩退耕林地优势发展林药经济产业，推进农林药复合经营，项目总投资125万元。不仅带动海拉尔区中药产业发展，还能更好地带动农业产业结构调整和农牧民增收致富，逐步实现该村多产业融合发展，有效提高村集体经济收入，增加村民收入。该项目建成还可通过保护价收购、技术服务、二次分配、股份合作、建立风险准备金等多种形式，与种植户直接建立稳定的风险共担、利益共享的联结机制[②]。

3. 发展举措

（1）加强嘎查村集体经济管理使用和保障监督，确保集体经济资金使用合理、管理民主、公开透明，发挥嘎查村监督委员会对集体经济项目资金、经营管理全程监督。全面推行“村财镇管”和集体财务审计制度，通过定期调度、专班推进、专项审计等措施，确保项目规范实施、落地见效，发挥示范带动作用。（2）发挥人才效用推动新型农村集体经济发展壮大，为农村减贫提供人力和智力支撑。充分利用县级包联领导、县直驻村帮扶工作队、乡镇包村干部、“第一书记”等干部力量，在吸引回流人才、尊重技术人才、用好用活人才上做探索，尤其是激发了青年人返乡的热情[③]。（3）村“两委”加强对村民的引导和宣传，要做好产业规划，加大政府投入和招商引资。加大涉农资金整合，投资兴建实体企业，在土地租用、征地拆迁、道路建设、矛盾纠纷调解等提供服务。

此外，从发展主体和动力来源看，可将新型农村集体经济区分为外源型发展、内生型发展及混合型发展等三种范式。乡村需要外部力量的介入方可实现重建与发展。外部力量包括“知识下乡”“项目下乡”“资金下乡”三种类型。（1）“知识下乡”，指外来知识分子推动乡村建设的模式。城市知识分子下到农村，把现代知识输入传统乡土之中，开展各种形式的乡村建设实验[④]。但知识分子往往或存有浪漫化的想象，面临着知识分子满腔热情的“启蒙”和“作育新民”[⑤]。（2）“项目下乡”，指由国家自上

① 张雪冬，刘泽.壮大村级集体经济　夯实共同富裕根基[N].内蒙古日报，2022-06-15（08）.

② 呼伦贝尔发展壮大集体经济[N].呼伦贝尔日报，2022-08-12（07）.

③ 崔超，杜志雄.发展新型集体经济：2020年后农村减贫路径选择——基于陕西省丹凤县的实地调查[J].农村经济，2022（4）：35-44.

④ 李伟中.知识分子“下乡”与近代中国乡村变革的困境：对20世纪30年代县政建设实验的解析[J].南开学报（哲学社会科学版），2019（1）：115-125.

⑤ 潘家恩.百年乡建 一波三折[J].读书，2015（4）：24-30.

而下地以“项目”形式为乡村输入资源的模式。国家与乡村实现了从资源“汲取者”向资源“输入者”角色的转变，通过“项目制”形式向农村投入越来越多的资源。大量项目资源被乡村精英垄断，普通农民往往并未真正获得项目收益。（3）“资本下乡”，指工商资本自外而内进入村庄，以市场化的方式来整合乡村资源。克服小农经济的碎片化、低效率等弊端具有较为明显的作用，依靠国家补贴或国家项目资源而存活，因经营不善等各种原因而“跑路”①。

① 黄家亮.赋利赋权赋能：农民参与乡村建设的动力再造[J].江苏社会科学，2023（2）：97-104.

共同富裕背景下内蒙古农村新型集体经济的发展战略

发展壮大内蒙古新型农村集体经济，可以通过“党支部+合作社+企业+农牧民”模式，立足村域资源禀赋，打破农村集体经济囿于一个行政村的传统理念，形成“以强带弱、弱弱联合、资源互补”的经营格局，最大化将资源优势变成农村集体经济效益。在充分吸收现有经验成果的基础上，进一步转变思维、突破边界、巧用资源、因地制宜、创新方式、加强管理，突破新型农村集体经济在内生动力、资源利用、人才队伍、资金管理等方面的困境，充分调动和激活村庄内外部各类资源要素，积极探寻新型农村集体经济发展壮大的实践路向。

（一）强化组织的引导

1. 坚持新时代共同富裕观

（1）党的十八大以来，习近平总书记就实现共同富裕作出一系列重要论述。2022年10月，党的二十大报告中就如何增进民生福祉、提高人民生活品质作出专门论述。党的二十大报告指出，“发展不平衡不充分问题仍然突出”“全面建设社会主义现代化国家，最艰巨最繁重的任务仍然在农村”[①]。因此，须进一步发挥农村集体所有制的优越性，加快发展与高质量发展新型农村集体经济。（2）重新定位政府在农村所应扮演的角色，将帮扶重点由以资金供应为主转向以科学引导为主，科学选择产业和发展模式，以及规范经营管理，从而实现由“家长”向“导师”的角色转变。打破思维定势，借鉴集体经济典型村庄的发展经验，并结合自身优势和实际情况，推动创新和完善本村集体经济发展路径。

2. 以更强的组织保障为集体经济赋能

加强党对农村工作全面领导，农村基层党组织带领群众走向共同富裕。（1）切实找准基层党建与集体经济的结合点，找准推动农村集体经济发展的方向，要健全农

① 习近平：高举中国特色社会主义伟大旗帜　为全面建设社会主义现代化国家而团结奋斗——在中国共产党第二十次全国代表大会上的报告[EB/OL].（2022-10-25）. http:www. qstheory.cn/yaowen/2022-10/25/c_1129079926.htm.

民参与的引导机制。充分发挥基层党组织战斗堡垒和党员干部先锋模范作用，坚持把支部建在产业链上、建在集体经济发展重点项目上，助力产业和农村集体经济发展壮大。（2）持续推进党支部规范化、标准化建设，在健全村党支部、完善组织制度、建强骨干力量等方面优措施、出实招，把发展壮大农村集体经济纳入党建述职评议考核的重要内容，形成共促农村集体经济的强大压力和良好氛围。（3）切实发挥典型示范村带动作用，打造党组织领导坚强有力、集体经济能盈利、能带动的典型示范村。鼓励打破行政村边界限制，发挥集体经济强村示范带动和结对帮扶作用，形成规模效应和集聚效应。提供学习交流平台，不断总结推广适宜当地集体经济发展的多元模式。

3. 提高农民对集体经济的认知能力

加强农民素质教育，提高农民认知能力。（1）发挥新型农村集体经济组织的使命和担当，使其成为引领乡村生态治理新格局的主要力量。加强农村基层党组织的能力建设，建立常态化的选聘和考核体系。构建保值增值的治理体系，将党的领导贯穿新型农村集体经济发展的全过程、各领域。（2）通过义务教育实现代际教育的深化，通过加强生产专业技术知识培训、职业培训等，提高农民的知识水平和认知能力。加强对新型农村集体经济的宣传与介绍，增强农民对新型农村集体经济发展内涵、发展方式等的理解。（3）加强农村基层党组织建设，他们的能力决定着农村基层治理能力，更影响着农村未来发展方向。通过农村基层党组织的引领带动培育集体主义观念，引导农民树立积极进取、开放发展的理念，提高村民集体主义意识①。

（二）深化集体产权改革

1. 集体公益性建设用地使用权的法权构造

集体公益性建设用地在不同类型土地之间发展失衡，需对相应使用权进行独立性与系统化的法权构造。（1）明确集体公益性建设用地使用权的权利主体和客体。主体主要为集体成员所组成的法人或非法人组织，尽管表现形式不同，但均能代表集体成员行使集体公益性建设用地使用权。不同地域的农民对公益性建设用地及其上的公益设施的需求各异，在乡村详细规划中按照地域人口、地理特征、建筑布局等，尊重当地的风俗习惯适当规划出符合农民所需求特别用途的公益用地类型。（2）充实集

① 邵彦敏，崔震.欠发达地区新型农村集体经济发展模式研究[J].宁夏党校学报，2022（3）：112-118.

体公益性建设用地使用权的权利内容。权利主体在不损害或改变其性质的情况下，对其进行占有、使用、收益的权利。占有、使用集体公益性建设用地的范围必须在城乡规划和村庄详细规划划定的范围内，具体以行政主管部门批准和不动产登记簿登记为准[①]。（3）规范集体公益性建设用地使用权的期限。期限性是土地资源市场化配置的必然要求，使用权期限条款是土地出让合同的必备内容。公益性建设用地使用权不同于经营性建设用地使用权，其用地使用权更为复杂，不能直接适用无期限限制的做法，由于使用权主体、受益主体、历史沿革等因素不同而须采用不同的使用权期限规则。

2. 健全经济组织的内部管理机制

随着新型农村集体经济组织的不断壮大，有必要建立健全规章制度，规范组织内部行为。（1）分配制度和农村公共政策的建构，促进农村内部治理结构优化，增强农村发展的统筹功能，促进农村基本公共服务标准化体系、农村人居环境治理机制等的协同效用的发挥。健全集体经济组织成员代表大会、理事会、监事会建设，持续推进“政经分开”，理顺村集体经济组织和村委会的职能关系[②]。（2）深化农村集体产权制度改革，加快推进农村集体经济组织立法。赋予农村基层更充分的自主权，提升基层在实践中解决现实问题的能力，促进集体资产增值和农牧民财产权益实现[③]。进一步落实承包地“三权分置”制度，探索闲置宅基地盘活利用机制，健全集体经营性建设用地入市制度。（3）完善新型农村集体经济运营机制，激发集体成员参与集体经济治理的内在动力。分类有序推进农村“政经分开”改革，理顺集体经济组织和村委会的职能关系，加快剥离集体经济组织的社会治理和公共服务职能，赋予其更完整的经济发展权能。

3. 完善集体资产产权改革的制度保障体系

（1）充分保障农民个人股权。当前农民个人资产与集体资产界限模糊，运营中会虚化农民个人收入。需完善制度体系保障农民的股份权，将农民土地使用年限因素纳入考虑范围，完善股权变更制度，独立分配统一经营的公共资源，保障农民投入的土地资产与股权回报相对应。（2）明确集体资产经营主体。当前农民的集体资产经营

---

① 余敬，梁亚荣.社会转型视域下农村集体公益用地功能变迁与现实回应[J].南京农业大学学报（社会科学版），2018（2）：109-116，161.

② 张红宇.抓好农村重点改革任务[N].人民日报，2020-02-18（09）.

③ 曾恒源，高强.脱贫攻坚与乡村振兴统筹衔接：学理必然、形势任务与政策转型[J].农业经济与管理，2021（2）：1-10.

权、管理权往往由村级行政组织代管集体经济，明确集体资产经营主体，保障集体资产的收益。严格限制集体经济中农民的权限，并保留农民的监管权利。（3）合理量化农村集体资产，根据股权比例向个人分配资产经营收益。合理设置集体股权与分配农民股权，将农民个人的价值纳入考虑范围，保证股权分配的公平性、合理性。综合考虑经济效益受不同因素的实际影响，合理确定土地及其他资产所占的分配权。适当加入贡献股权，体现特殊贡献股权的流动性。

（三）落实集体经济政策

1. 完善新型农村集体经济的支持政策

发展壮大新型农村集体经济，进一步从人才、土地、财政、金融和税收等方面出台配套支持政策。（1）新型农村集体经济具有巨大的潜在发展空间，但当前政策的扶持力度有限且投入分散，也缺少法律层面上的支持。新型农村集体经济组织作为一种市场主体，其成立、运行、合并以及解散终止等缺乏规范，特别是集体产权的法律体现还不够清晰，要尽快颁布《农村集体经济组织法》①。（2）注重培养村“两委”经营管理人才担任农村集体经济组织负责人，完善村级优秀后备人才选育体系，探索各类人才参与集体经济项目并获取收益的实现机制和有效形式。鼓励有条件、有需要的农村聘任专业化的经营管理人员，加快落实基本生活保障，提高福利待遇。（3）科学编制实用型村庄规划和土地利用年度计划，统筹安排重要项目建设用地指标，进一步规范农村留用地政策。统筹安排区域内的用地指标，鼓励集体组织通过入股、租赁等方式，直接将集体经营性建设用地用于产业发展②。此外，健全集体经济组织税收优惠政策体系，将集体经济组织公益性支出作为税费减免的依据。

2. 加大新型农村集体经济的资金支持力度

（1）稳步提高土地出让收入用于农业农村的比例，引导地方政府债券和社会资本等共同支持项目建设，把金融信贷资金更多向农村集体经济组织倾斜。鼓励各地统筹用好各级各类涉农资金，鼓励各地金融机构通过金融创新的方式解决资金短缺难题，积极构建多元化投入格局。（2）积极落实财政扶持政策，统筹用好中央财政扶持农

① 丁关良.农村集体经济组织立法的若干重要问题研究[J].湖南农业大学学报（社会科学版），2022（4）：64-75.

② 高鸣.推动新型农村集体经济高质量发展[J].农村工作通讯，2023（1）：23-24.

村集体经济发展资金、各级财政衔接的补助资金和涉农整合资金。重点扶持经济薄弱村，有效帮助集体经济实现初期的资金资本积累。（3）鼓励金融机构推出更多普惠金融产品，减少贷款审批环节，给予贷款期限、利率优惠等政策措施。加大对农村集体经济的评级授信工作，吸引社会资本投资，建立市场化发展资金池。建立科学规范的管理制度，确保资金的规范使用，定向、科学地分配和利用各类扶贫资金①。

3. 创建新型农村集体经济的监督机制

（1）规范集体经济组织的治理结构，逐步推动形成村党组织核心领导、社员民主参与、理事会组织协调、监事会监督执行以及市场绩效反馈的现代化治理机制。实行以按劳分配为主、按股分红为辅的分配制度，赋予集体经济组织带头人一定的剩余索取权，降低集体经济组织的权力寻租行为。（2）健全民主监督机制，发挥农民对集体资产民主监督的主体作用，提高集体资产的运营质量和效益。加强集体经济项目建设的常态化监管，将绩效管理的理念贯穿整个工作的全过程，对项目的完成进度、资金支付进度、项目效益等情况进行监督和考评。（3）规范农村集体经济组织财务行为，保障农村集体经济组织及其成员的合法权益。扎实开展农村集体资产清产核资工作，积极梳理资金的使用渠道，规范农村集体经济组织财务管理程序。积极探索村集体资金支出和收益分配等全过程公开、全程留痕、高效安全，防止资金库外循环，定期做好财务公开，持续强化对集体资金使用、收益、分配的监督。

（四）促进乡村产业的发展

1. 抓好农村产业项目的带动

农村集体经济壮大的关键在产业，产业项目建设为支撑集体经济的重要载体，但部分村产业项目建设过程中对流程环节把控不严，市场应变能力不够，收益达不到预期。（1）依托各村自然禀赋、产业基础和资源优势，规划一批前景好、回报优的项目，分类组织实施财政支持类新型经营主体项目、金融资金支持村办产业项目、产业增收项目、社会化服务项目等，增强项目发展对村集体经济的辐射带动效益。（2）加强项目数据全过程管理、日常调度及考核激励等方式，确保项目按时保质高效建成，

① 崔超，杜志雄.发展新型集体经济：2020年后农村减贫路径选择——基于陕西省丹凤县的实地调查[J].农村经济，2022（4）：35-44.

明确集体经济项目的监管责任部门和具体责任人。全力破解耕地碎片化问题，提升土地集约化管理水平①。（3）进一步推进农村土地制度改革，建立收益分配机制、完善资格权取得和有偿退出方式、拓宽使用权配置范围等，探索闲置宅基地、农地转为集体经营性建设用地、乡村产业用地办法，加强和完善产业用地管理，制度改革促进产业落地。

2. 不同实现形式促进发展

基于本地实际情况，充分发挥自身的优越性，探索集体经济有效实现形式。（1）在集体积累较多、初始禀赋较好、适合发展产业的地区，着力发展“一二三产”的集体经济。在无集体经营性资产的地区，可成立土地股份合作社。在居住较为分散的地区成立农业生产经营合作社、劳务合作社等服务实体的方式，促进农民与大市场的对接。在居住较为集中的地区，完善集体经济组织治理结构和运行机制，发挥集体经济在统一经营管理上的优势②。（2）结合各个村的经济建设情况，建立多种农业合作模式，建立“党支部+合作社+农牧民群众”的模式，不断鼓励广大农民群众利用多种资源，实现农业经济加速发展。投入财力资源、人力资源、物力资源，在整理土地、建设喷灌设施、补贴相应的种苗等给予最大化的支持。积极吸收国有资产、集体资产、非公有资本投资入股发展混合所有制经济，建立资本持有者、村集体和农民利益共同体③。（3）多种模式促进销售流通。推动信息技术和电子商务平台建设以及第三方物流业的发展，在此基础上进一步创新销售模式。利用“网红”等媒介代言农产品的销售方式，扩大农产品销售半径。采取开设线下实体店的方式，实现“线上线下”一体化销售。

3. 优化利益联结机制

（1）将劳资双方利益有机联系起来，真正发挥劳动者的主动性。如果劳动者只是为某个时间段的劳动报酬而劳动，并不是这个集体经营机构中的一员，必然不利于充分激发农村劳动者的积极性和发挥其聪明才智。组织成员要形成和谐的成员关系，不断缩小成员之间的收入差距，逐步实现各成员权利与义务的平等。（2）与县域国有企业联合发展，提升各类农村经济组织的发展能力是均衡布局生产力的需要。县域国有

① 秦琪. 乡村振兴视野下新型农村集体经济发展路径探析[J]. 三晋基层治理，2023（2）：105-108.

② 崔超. 发展新型集体经济：全面推进乡村振兴的路径选择[J]. 马克思主义研究，2021（2）：89-98.

③ 徐飞. 发展壮大新型农村集体经济促进农民共同富裕[J]. 农村·农业·农民，2021（10）：24-25.

企业成为农村各类经济组织的重要引擎，不仅有利于形成县域发展合力，使生产力布局得以在县域层面逐步走向均衡。各类农村经济组织不再受制于产品出路少的制约，不再受市场波动的困扰，也能更好地开展对各类农村经济组织的技术指导、人员培训等服务[①]。（3）培育品牌型民营企业。农村的经济发展都需要社会资本的参与，民营企业参与农村治理既能创新集体经济发展方式，又能增强产业发展资金的内生供给力，合理安置农村闲散的劳动力，开拓农民增收致富的多方途径[②]。应培育农产品加工、流通、服务业等方面的品牌企业，提升农产品的供应链管理技术和拓展市场销售空间，完善农村集体经济全产业链“链长制”。充分挖掘农村优势资源，深化农文旅一体化发展等农村集体经济发展新业态，有条件的地区设置数字经济研究中心。

（五）强化主体的关系网络

1. 突出农民的主体地位

农民是新型农村集体经济的参与者、支持者和受益者，要充分调动农民参与的积极性和主动性，让广大农民群众共享集体经济发展成果。（1）突出农民主体地位。要充分尊重农民意愿，进一步推广村级事务“阳光公开”监管平台，加强群众对村级权力有效监督，确保群众的知情权、参与权、表达权、监督权。（2）对产业全过程、全环节、全要素进行系统梳理，引导和鼓励农民群众用土地、资金、劳务资源等作为股份资本参与生产经营，赋予农民更加充分的财产权益，拓宽其增收致富渠道。（3）从制度上进一步规范下乡资本的行为，健全社会资本通过流转取得土地经营权的资格审查、项目审核制度，最大限度地规避资本下乡带来的风险，防止农民利益受损[③]。

2. 发展壮大农民专业合作社

推进专业合作社从数量扩张到规模扩张和效益提升的转变。（1）进一步规范合作社注册从成立到运作过程，推动具有相同功能合作社的联合合并，淡化和淘汰无实际合作内容、无明显合作功能的合作社，形成跨苏木、旗县甚至跨盟市区划的地域性合作社。强化农民专业合作社内部管理，遵循公司化管理模式，建立健全合作社人事、财务、营销管理机制。（2）做实农业产业化龙头企业。借力外围政策、公共平台，加

① 赵意焕. 合作经济、集体经济、新型集体经济：比较与优化[J]. 经济纵横，2021（8）：20-28.

② 王军. 供销合作社推动农村集体经济发展的机制和路径[J]. 重庆工商大学学报（社会科学版），2022（5）：14-24.

③ 秦琪. 乡村振兴视野下新型农村集体经济发展路径探析[J]. 三晋基层治理，2023（2）：105-108.

大绿色、有机、纯天然农产品品牌影响力和品牌效应。鼓励农业产业化龙头企业采取订单农业，与农畜产品供给者建立风险共担机制，建立与农户、家庭农场及农民专业合作社之间的利益共同体。引导产业化龙头企业创办或领办各类专业合作组织，发展“企业+合作社+农牧民+贫困户”等工业反哺农业、产业防返贫等模式[①]。

3. 构建利益联盟的网络形成

新型村集体经济的发展繁荣面临着不同的问题和发展目标任务。村“两委”领导班子组成的核心行动者，不断吸纳乡村内外行动者组成异质合作网络，包括县政府、镇政府、村“两委”、村民、科研机构专家等人类行动者和近郊的地理位置优势、丰厚的土地资源、广阔的市场优势等非人类行动者。将网络中的行动者高效地组织起来，形成稳定的利益联盟，每个行动者都面临着不同的问题，通过问题解决达到利益共享，实现各自的利益诉求。对不配合的村民坚持说服性治理方式，利用非正式的平等性谈话谋求价值取向的求同[②]。

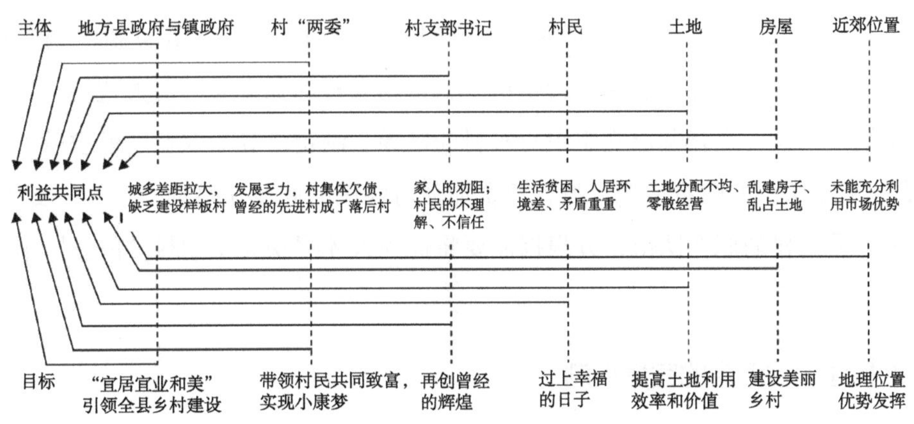

图7–1 新型农村集体经济的行动者与利益共同点

资料来源：张行发，徐虹.新型村集体经济何以带动乡村共同富裕?：基于ANT视角的分析[J].西北农林科技大学学报（社会科学版），2022（11）：11-19.

① 文明，陈晓燕.内蒙古培育农牧业新型经营主体问题调查研究[J].前沿，2017（7）：32-38.

② 梁平.基层非正式治理的法治化路径[J].法学杂志，2019（10）：73-79.

（六）多重维度造就人才队伍

1. 强化重点人才群体的引进

发展新型农村集体经济，须拥有一支专业人才队伍来提供支撑，不仅要靠引进，也要靠培养，更要能留住。（1）及时对新型农村集体经济发展规划、惠民政策和远景目标等进行宣传，制定科学的本土人才吸引政策，利用思想引领人才、诚意打动人才，发挥乡情乡愁的感召作用。农业投资收益水平不高、投资回收期长，浓厚的农村情怀、感恩的心理，不仅能促进农村投资的形成，且投资耐心度高，也较少进行机会主义投资，瞄准这部分群体，重点将本村的企业家、退休人员、退伍军人等引入村庄。（2）强化年轻人的培养和引入，继续实施“一村一名大学生”培育计划，推动多渠道招录大学毕业生到村工作、扩大高校毕业生“三支一扶”计划招募规模。加大力度使更多的村干部、新型经营主体带头人、退役军人、返乡创业农民工等就地就近接受职业高等教育。培养农民精英和农民职业教育并行，加入农业生产的年轻人提供资金支持、信贷优惠、最低工资保障等倾斜性鼓励政策。（3）建立机关与农村“一对一”的党支部交流互动、结对帮扶机制，帮助农村加强党支部能力建设，选优配强村党组织带头人，强化基层党组织对农村的领导。制定培养懂农业、爱农村、爱农民“三农”工作队伍的政策措施，投入资金加强对农民的职业化培训，建立一支懂技术、懂农业、爱农村的职业队伍，并根据需要将优秀人才尽快充实到村“两委”干部队伍之中。

2. 构建人才培育的完善机制

加强相关人才的培育，也要留得住人才，为他们提供创业服务平台。（1）充分梳理人才需求，其中项目人才为新型农村集体经济组织带来优质项目资源、资产和资金的人才，解决紧迫的资源、资产和资金不足问题；技术人才分为传统技术人才和新型产业人才，有针对性地引入具有先进种植养殖技术的专家与规划师、建筑师、高端农业科技人才等，还要引入具备新产业新业态发展理念的新型人才。（2）进一步加强村庄与高校、科研单位、企业等组织机构的合作，选派专业技术人员对集体经济组织相关人员进行专业培训。打造乡村振兴“领头雁”队伍，选优配强“两委”班子成员，加强经营主体带头人培育，激活农村集体经济发展“源动力”[①]。全方位、多角度推动

---

① 秦琪. 乡村振兴视野下新型农村集体经济发展路径探析[J]. 三晋基层治理，2023（2）：105-108.

建立人才交流机制，加强集体经济人才与企业人才的交流学习，定期举办集体组织间的交流活动。（3）打造良好的营商环境，帮助解决创业过程中遇到的困难，实现专业人才与岗位的契合。健全农村社会保障体系，为农牧业从业者提供与城镇就业相同的社会环境。建立完善的人才评价机制，定期组织优秀人才评选，充分调动乡村人才的积极性。

3. 建立人才队伍激励与约束机制

通过社会渠道招聘不同领域的高素质人才，加快农业经济的本土化进程。（1）深化农村产权制度改革，破除人才城乡流动的制度阻碍，完善与外来人才流入相配套的土地使用政策，强化集体组织的资源配置能力。建立农业产业工人用工机制、工资标准和社会保障机制等制度建设，使农业用工现象规范化，为农业产业工人提供稳定的、有保障的工作。（2）完善基本公共服务的各种配套机制，子女教育、医疗卫生、养老保险、住房保障等以城镇标准进行提供，并针对工作于农村的特点落实工作补贴、交通补助等保障①。采取“定制”方式招录村干部，采用技术入股、项目入股和合作研发等方式为外来人才提供集体经济组织成员待遇。（3）加强民主监管，定期向广大农民群众公开人才引进方案，自觉接受群众监督。对成绩突出的人才给予一定的表彰，充分调动其他农民群众的积极性，提升优秀人才的自豪感、荣誉感。从物质激励、荣誉激励等方面构建激励机制，为现有人才营造良好的工作环境，为其创造发挥专业技术能力的平台。人才所得与经营业绩挂钩，提升专业技术精英与理事长、村书记等新型农村集体经济组织负责人的待遇水平。

（七）强化数字经济的驱动

1. 农村数字化改革与集体经济发展流程有机统一驱动

推进人工智能、物联网、大数据等新型基础设施的建设，加强农村数字技术维度的考量和设计，将数字技术应用到农业生产、农产品精密智控、集体“三资”管理服务等多跨协同的场景中。（1）借助数字技术的创新应用，创新农林牧渔等的生产方式、市场营销和产品服务等，推动数字技术与种植业、畜牧业、渔业生产的深度融合与创新发展，建设集体经济发展的数字化示范种养基地。（2）围绕农村的教育、

① 魏建．新型集体经济促进农村共同富裕的机制与路径研究[J].当代世界社会主义问题，2022（3）：13-22.

医疗、养老等现实议题，展开农村数字化公共服务的可行性探索，组建“村—镇—县—市”农创客联合会，整合周边所有资源。(3)围绕农产品的种植、培育、销售等开展农业技术团队建设，加强推广测土配方施肥、节水灌溉、病虫害智能检测等技术的应用，加快基层农业数字经济体系建设，建设具有地方特色的农业数字经济创新园区、孵化实训基地、青创农场等①。

2. 打造集体资产运营和监管数字平台

数字经济正全面改变着经济形态与格局，数字农业与数字乡村方兴未艾。(1)建立集体资产运营与监管数字化平台。集体资产存在分散经营、产权虚置、纠葛复杂等诸多问题，借助数字技术打造集体资产运营与监管数字化平台，可持续梳理盘清集体资产家底，预警监控对集体资产的非法侵占等不法行为。(2)着力建设数字农业。充分利用数字技术推进农业全链条数字化，从育种到种养再到加工、销售、品牌打造，形成完整的数字农业产业生态链条，提升农产品及其服务的品质和收益。整合区域内、行业内、省(区)级层面乃至全国的种养数据和农业资源，规避市场风险，实现农业发展的高端化②。

3. 突破行政边界、建立各种类型互助协作

进一步突破村庄经济边界的限制，建立更为科学合理的合作模式。(1)充分利用和结合当地的实际情况，通过“以强带弱”的方式共同发展产业，实现产前、产中、产后的精准带动。布局农村集体经济发展的“多轮驱动”，统筹农村集体经济发展的各类资源，破除集体经济发展在重点领域和关键环节中遇到的各类现实障碍。(2)根据各自优势进行域内科学分工，使村庄间形成相互关联、利益共享的经济共同体，弥补农村资源短缺、资金不足等问题，有利于集体经济降低发展风险、突破发展瓶颈。农村要整合多方资源，盘活农村闲置资源，依托重要农业文化遗产和农村各类非物质文化遗产资源，加强农村传统手工技艺与产品创意开发。(3)构建国家、省(区)、市、县现代集体经济产业园联动治理格局，实现农业产业一体化涉农县全覆盖。鼓励和支持农业科技龙头企业在县域布局，为自然村小农牧民提供更多专业化的科技与种

① 王世泰，余达淮.刍议中国农村集体经济发展的内生性动力及途径：基于共同富裕视野的考察[J].改革与战略，2023(3)：1-9.

② 魏建.新型集体经济促进农村共同富裕的机制与路径研究[J].当代世界社会主义问题，2022(3)：13-22.

植服务，更多地把产业链主体留在县域、增值收益留给农民[①]。

（八）补齐农村短板

1. 补齐农村基础设施建设

农村基础设施和公共服务面临供需不匹配，尤其体现在人民对美好生活的需求方面。（1）启动实施村庄基础设施建设工程，加快农村公路、供水、供气、环保、电网、物流、信息、广播电视等基础设施建设。进一步重视农村生活垃圾、厕所和污水治理等问题，避免村庄出现“脏乱差”现象。（2）建立农村公共基础设施管护长效机制，逐步建立政府引导、社会资本参与、农民为主体的管护机制。（3）推动村级组织成立各种专业技术协会、专业服务公司，为乡村农业发展提供产前、产中、产后的“一条龙”服务。支持和引导城市优质公共服务资源向农村延伸，缩小强村与弱村的差距，促进村级共富和多村共富。

2. 加大农村生态保护力度

农村高质量发展，生态保护是根本。（1）严格行政执法，尽快完善相关执法机构，理顺权责关系，加大生态保护力度。完善退耕还林还草等奖补机制，要统筹各级资金，把资金用好用活，逐步形成山水林田湖草共同体治理格局。加大农业面源污染的整治力度，建立社会化农业面源污染防治主体机制。（3）创新农村集体经济的发展方式，以绿色产业、宜居环境吸引更多的优质发展要素注入。鼓励有条件的农村区域发展与绿色生态农业相融合的项目，推动农业绿色产业与城市工业、新型服务业的融合共生；依托电子商务直播平台重塑农业传统发展方式，实现传统产业的产业功能拓展和产业附加值增强[②]。（3）推进新型农村集体经济走绿色发展之路，充分挖掘农村的生态价值。基于资源禀赋差异而理性选择不同的发展模式，自然资源条件较好、经济发展基础较好的农村，合理发展乡村旅游产业，诸如旅游休闲型特色小镇、文化创意型特色小镇等。

① 王世泰，余达淮. 刍议中国农村集体经济发展的内生性动力及途径：基于共同富裕视野的考察[J]. 改革与战略，2023（3）：1-9.

② 徐勇. 种豆得瓜：农村集体经济的不同产业绩效及动因[J]. 社会科学家，2016（6）：15-20.

3. 提升农村集体经济公共功能

（1）完善农村社会保障体系。适当扩大最低生活保障补助范围，建立突发性致贫返贫事件应急机制和监督机制。适当调整疑难杂症、重大疾病报销比例，实现跨地区、跨省（区）同比例报销。把进城农民逐步纳入城镇廉租房、公租房计划，建立农业产业工人准入制度。（2）建立完备的市场服务体系。积极推动农村土地流转的引致性，简化土地流转程序，降低草场流转的交易成本，加强土地流转登记制度。积极发展市场服务中介组织，杜绝中介组织对流转信息的垄断，避免中介组织与监管部门之间的寻租行为。建立金融扶持机，明确土地承包经营权进行抵押、担保的条件、程序，建立土地承包经营权价值评估体系。（3）重新审视和发现乡村文化的独特价值与魅力，重塑乡村文化的公共精神和集体意识。加快乡村文化设施、组织、载体建设，提高农民的组织化程度，用组织合力提升乡村社会主体性。分散的农民无法有效对接市场，要进一步巩固凝心聚力作用的社区组织，以实现乡村社区有效增权。

共同富裕背景下内蒙古农村新型集体经济的对策建议

农村“空心化”现象愈演愈烈，政策缓解了农民工资性收入不平等，为推动共同富裕提供了动力引擎。低收入农民受自身技能、生产资料、获取信息能力等内在约束，以及投资信贷、市场波动、气候变化等外在约束。政府发挥其外在力量提高低收入农民群体的内生能力，包括农业补贴和转移支付、积极开展专项技术培训等，加大对偏远地区基础设施和水利设施投入、数字经济基础设施建设，加强农民在空间上的互动性和交互行为。

（一）创新发展理念

新型农村集体经济注重生产、生活、生态的高度契合，建立从田间到餐桌、从加工到销售、从管理到监督的立体化、全方位、多层级的食品安全监管体系；通过生活方式田园化，保持原生态，体现乡土情，弘扬民俗风；通过生态方式绿色化，注重发展绿色食品，实现农产品的“返璞归真”。秉承共建共享共同富裕的理念，让农民群众收入有保障；通过搭建户社合作、户企合作、村企合作、村社合作平台，打造互助合作的利益共同体；调整利益分配方式，缩小收入差距。

（二）强化权益保障

调整土地股权，确保公平公正，实现稳定增长的经济收入。产业发展中注重保障和改善民生，聚焦就业、医疗、养老、教育等民生问题，针对不同年龄段的老人发放优待金，真正实现发展成果公平惠及全体村民。人人都拥有财产性收入或股权收入，实现生产资料占有的大众化与股权分配的社会化。强化村民文化权益保障，坚持弘扬优秀传统文化，充分发挥文化的引领作用，建设村民文化广场、农耕文化广场、村史馆等，强化文化阵地建设。弘扬正能量，开展“道德模范”评选活动，通过文化建设提升村民幸福感，实现村民的精神文化富有。

（三）理顺运行机制

构建“政经分开”的治理体系，清晰界定党支部、自治组织、集体经济组织的职责和任务，村级经济组织发挥管理运营职能，促使不同组织各归其位。理顺集体资产产权关系，村委会委员不与集体经济组织成员交叉任职，将经营性资产确权登记在集体经济组织名下，实行资产、账务和核算分离。借鉴企业化经营、公司化管理的模式，将农民与协会组织形成利益共同体，从而形成整体效应、规模效益。健全完善乡村治理体系，自治、法治、德治统筹激发人的责任感和参与活力，促进人与人和谐相处、社会安定有序。以德治为引领，将培育和塑造诚信文化、民俗文化、书斋文化、乡贤文化等。

（四）多元实现形式

新型农村集体经济以股份合作为纽带，促进农民与新型经营主体联产联业、联股联心，打造利益共同体。将集体资产进行股份制改造，实现所有权、经营权、收益权的统一，通过调节收入分配和再分配，避免两极分化。把三产融合作为基本路径，以农产品终端消费需求为导向，大力推行产业种植、加工、销售一体化模式，实现农产品从田头到餐桌、从初级产品到终端消费的无缝对接。实施品牌化营销策略，以品牌促消费，以消费促增值。严把材料、管理、监督、加工、销售关；以特色塑品牌，塑造乡村民俗文化特色旅游品牌；以诚信塑品牌，始终把塑造诚信文化作为立村之本、经营之基。

（五）拓展发展空间

纠正和清理未按规定程序发包租赁、长期低价发包租赁、预期未收回等问题，整理开发村集体路边、渠边、河边、房边等空闲地和荒山、荒滩、荒丘、荒沟等，加强农村产权流转交易市场，建设规范交易行为。完善盘活农村存量建设用地政策，对闲置建设用地采取土地使用权入股、联营或集体投资改建等形式培育发展市场主体，通过自主经营、出租、投资入股等形式增加集体收入。建立闲置农村宅基地自愿退出和集体收回机制，通过集体补偿的方式收回闲置宅基地，培育农宅合作社等经营主体。

（六）完善政策体系

加大对农村集体经济发展的支持力度，通过入股、贴息、担保、奖补等形式支持农村资源开发。鼓励财政项目资金直接投向村集体领办创办的经济实体，深入实施好扶持壮大村级集体经济项目，明确各级财政保障责任，鼓励各县区积极探索财政支农的有效形式，形成可复制、可推广的经验。落实好有关免征契税、印花税政策，按规定享受减征或免征增值税、企业所得税等优惠。统筹安排集体经济用地所需指标，有序引导使用农村集体经营性建设用地，保障和规范农村产业融合发展用地，为农村产业发展壮大留出用地空间。创新金融服务，适度放宽担保条件、扩大抵押范围，发挥农业信贷担保体系作用。

总之，本研究揭示了内蒙古新型农村集体经济发展的空间聚类和类型分异特征，识别出其不同层级（个体、家庭、村庄等）、不同维度（自然、社会、经济、政策等）影响因素与机制机理，但依然存在诸多的不足。（1）在研究尺度上未能兼顾范围广度和数据粒度，仅以典型案例进行剖析，有必要扩大研究范围。（2）在研究内容上对机理的认知不足，对异质性行为特征缺乏深入挖掘和理论解释。（3）在研究对象上未进一步聚焦有重要价值和研究紧迫性的特定类型村庄，传统村落的兴衰存亡关乎乡村建设的成败。

参考文献

[1] 杨思远.从集体经济到新型集体经济：以河北省张家口市宣化区崞村镇水泉村为例[J].改革与战略，2022(3)：47-65.

[2] 魏建.新型集体经济促进农村共同富裕的机制与路径研究[J].当代世界社会主义问题，2022(3)：13-22.

[3] 刘守英，龙婷玉.城乡融合理论：阶段、特征与启示[J].经济学动态，2022(3)：21-34.

[4] 财政部关于印发《扶持村级集体经济发展试点的指导意见》的通知：财农〔2015〕197号[A/OL].(2016-03-28). https://www.mof.gov.cn/gkml/caizhengwengao/wg2015/201511wg/201603/t20160328_1926829.htm.

[5] 李人庆，芦千文.农村集体经济促进农民共同富裕的实现机制：基于山东即墨鳌角石村案例研究[J].当代经济管理，2022(11)：1-8.

[6] 赵意焕.农村集体经济的历史传承与时代创新：兼论列宁关于合作社不等于集体经济的理论[J].政治经济学研究，2022(1)：66-77.

[7]《中共中央关于制定国民经济和社会发展第十四个五年规划和2035年远景目标的建议》辅导读本[M].北京：人民出版社，2020.

[8] 习近平.高举中国特色社会主义伟大旗帜为全面建设社会主义现代化国家而团结奋斗：在中国共产党第二十次全国代表大会上的报告[M].北京：人民出版社，2022：22.

[9] 张红宇.抓好农村重点改革任务[N].人民日报，2020-02-18(09).

[10] 杨帅，刘亚慧，温铁军.探索解决相对贫困的长效机制加强对农村资源市场化开发利用[N].人民日报，2020-02-18(09).

[11] 孙梦洁，陈雪原.中国农村集体经济发展评价[C]//集体经济蓝皮书：中国农村集体经济发展报告2020.北京：社会科学文献出版社，2020.

[12] 李天姿，王宏波，杨建科.新型集体经济在欠发达地区农村现代化建设中的作用[J].理论月刊，2017(3)：135-140.

[13] 洪银兴，杨玉珍.现代化新征程中农业发展范式的创新：兼论中国发展经济学的创新研究[J].管理世界，2023(5)：1-10.

[14] 苑鹏，刘同山.发展农村新型集体经济的路径和政策建议：基于我国部分村庄的调查[J].毛泽东邓小平理论研究，2016(10)：23-28，91.
[15] 宗成峰，李明.党建引领新型农村集体经济发展：基本逻辑、现实困境与实践进路[J].理论视野，2020(9)：81-85.
[16] 陈全功.新型农村集体经济形成的动力主体与路径解析[J].改革与战略，2021(3)：85-93.
[17] 赵德起，沈秋彤.我国农村集体经济“产权—市场化—规模化—现代化”发展机制及实现路径[J].经济学家，2021(3)：112-120.
[18] 邓宏图.转轨期中国制度变迁的演进论解释：以民营经济的演化过程为例[J].中国社会科学，2004(5)：130-140，208.
[19] 黄少安.关于制度变迁的三个假说及其验证[J].中国社会科学，2000(4)：37-49，205.
[20] 孔祥智，魏广成.组织重构：乡村振兴的行动保障[J].华南师范大学学报（社会科学版），2021(5)：108-122，207.
[21] 张新文，杜永康.共同富裕目标下新型农村集体经济发展：现状、困境及进路[J].华中农业大学学报（社会科学版），2023(2)：23-33.
[22] 高强，孔祥智.拓宽农村集体经济发展路径的探索与实践：基于四川彭州小鱼洞镇“联营联建”模式的案例分析[J].东岳论丛，2020(9)：162-171，192.
[23] 郑淋议，钱文荣，洪名勇，等.中国为什么要坚持土地集体所有制：基于产权与治权的分析[J].经济学家，2020(5)：109-118.
[24] 张晓山.发展新型农村集体经济[J].农业经济与管理，2023(1)：1-4.
[25] 张言庆，马波.新型集体化乡村旅游：内在逻辑、现实困境与实践路径[J].青岛大学学报（社会科学版），2023(1)：135-145.
[26] 朱有志.中国新型农村集体经济研究[M].长沙：湖南人民出版社，2013：150-151.
[27] 刘冠军，惠建国.中国农村集体经济的实现形式与创新发展[J].甘肃社会科学，2021(3)：189-196.
[28] 马光亭.现代时间制度：理解非遗项目生产的一个角度——以青岛田横祭海节为例[J].西南民族大学学报（人文社会科学版），2020(10)：39-47.
[29] 郭占锋，李轶星，张森，等.村庄市场共同体的形成与农村社区治理转型：基于陕西袁家村的考察[J].中国农村观察，2021(1)：68-84.

[30] 温铁军，罗士轩，马黎.资源特征、财政杠杆与新型集体经济重构[J].西南大学学报（社会科学版），2021（1）：52-61，226.

[31] 王立胜，张弛.新型农村集体经济：中国乡村的新变革[J].文化纵横，2021（12）：41-53，158.

[32] 保障农业农村优先发展[N].经济日报，2022-01-21（11）.

[33] 陈健.新发展阶段新型农村集体经济促进农民共同富裕研究[J].马克思主义研究，2022（12）：54-64.

[34] 孙晓婷，郑军，朱鹏.村集体经济现代化水平测度与障碍因子诊断[J].江西农业学报，2022（11）：168-174.

[35] 王利云.乡村振兴的实践逻辑、理论逻辑和实现路径：发展新型农村集体经济的研究[D].上海：上海财经大学，2021：131-133.

[36] 王宾，杨霞.新时期发展新型农村集体经济的思考[J].中国发展观察，2023（2）：65-67.

[37] 王世泰，谈育明.农村集体经济发展与农民共同富裕：关键要义、逻辑分析及现实进路[J].现代经济探讨，2023（3）：21-28.

[38] 罗志勇.农村集体经济推进农民共同富裕的价值意蕴与路径研究：以江浙地区农村集体经济发展实践为例[J].观察与思考，2022（11）：71-79.

[39] 陆林，李天宇，任以胜，等.乡村旅游业态：内涵、类型与机理[J].华中师范大学学报（自然科学版），2022（1）：62-72，82.

[40] 王德刚，孙平.农民股份制新型集体经济模式研究：基于乡村旅游典型案例的剖析[J].山东大学学报（哲学社会科学版），2021（1）：142-151.

[41] 邵彦敏，崔震.欠发达地区新型农村集体经济发展模式研究[J].宁夏党校学报，2022（3）：112-118.

[42] 夏冬，夏柱智.乡村振兴背景下农村集体经济的类型界定与治理效应[J].北京工业大学学报（社会科学版），2023：1-10.

[43] 王立胜，张弛.新型农村集体经济：中国乡村的新变革[J].文化纵横，2021（12）：41-53，158.

[44] 高鸣，李祯然，雷泽.人才支撑新型农村集体经济：模式探索、现实困境与优化路径[J].农业现代化研究，2022（4）：568-577.

[45] 李成桃.青海省海西州农牧区深化集体产权制度改革助力乡村振兴实践分析[J].

当代农村财经，2022(12)：54-56.
[46] 匡远配，彭凌凤.新型农村集体经济的共同富裕效应[J].西北农林科技大学学报（社会科学版），2023(3)：16-22.
[47] 杨书平.松滋市村级集体经济发展情况调查与对策思考[J].南方农业，2023(4)：165-168.
[48] 朱乾宇，樊文翔，龙艳.农业保险推动乡村特色产业发展的困境与对策：以湖北省潜江市为例[J].金融理论与实践，2020(7)：90-96.
[49] 文明，塔娜.内蒙古农村牧区土地流转问题研究[J].内蒙古社会科学（汉文版），2015(3)：176-180.
[50] 叶兴庆.扩大农村集体产权结构开放性必须迈过三道坎[J].中国农村观察，2019(3)：2-11.
[51] 陈锡文，罗丹，张征.中国农村改革40年[M].北京：人民出版社，2018.
[52] 刘旭凡.发展新型农村集体经济促进共同富裕：基于浙江嘉兴平湖市、衢州柯城区的调研[J].中国农业综合开发，2022(3)：14-15.
[53] 李晓华，王稳，朱颜.乡村振兴背景下我国村级集体经济发展路径研究[J].农业经济，2022(11)：36-39.
[54] 林斯展.农村新型集体经济组织发展困境与对策[J].当代县域经济，2023(3)：69-71.
[55] 姚旻，赵爱梅，宁志中.中国乡村旅游政策：基本特征、热点演变与“十四五”展望[J].中国农村经济，2021(5)：2-17.
[56] 朝鲁孟，王韵斐，陈秋菊，等.巴彦淖尔市传统畜牧业发展及牧区乡村振兴的建议[J].今日畜牧兽医，2022(12)：80-82.
[57] 郭丽娜，李文涛，闻春霞，等.创新发展模式壮大农村新型集体经济[J].河南农业，2022(25)：7-8.
[58] 崔超，杜志雄.发展新型集体经济：2020年后农村减贫路径选择——基于陕西省丹凤县的实地调查[J].农村经济，2022(4)：35-44.
[59] 翁志强.浅谈乡村振兴战略背景下内蒙古农村牧区高质量发展的制约因素及相应对策[J].农村经济与科技，2019(11)：193-195.
[60] 余丽娟.新型农村集体经济：内涵特征、实践路径、发展限度——基于天津、山东、湖北三地的实地调查[J].农村经济，2021(6)：17-24.

[61] 孙德胜.新形势下农村新型集体经济发展存在的缺陷及优化路径研究[J].中国集体经济，2023(3)：17-20.

[62] 李韬，陈丽红，杜晨玮，等.农村集体经济壮大的障碍、成因与建议：以陕西省为例[J].农业经济问题，2021(2)：54-64.

[63] 毛泽东.读社会主义政治经济学批注和谈话（上册）[Z].北京：中华人民共和国国史学会，1998：436.

[64] 倪坤晓，高鸣.面向2035年的新型农村集体经济：内在逻辑和动态趋势[J].华中农业大学学报（社会科学版），2022(5)：68-77.

[65] 陈全功.农村集体经济发展壮大的条件析论：基于全国榜样名村案例的总结[J].理论导刊，2018(11)：59-64.

[66] 李荣耀，王欢，迟亮.农户分化、乡土依赖与集体收益分配权退出[J].华中农业大学学报（社会科学版），2020(3)：149-159.

[67] 苏毅清，邱亚彪，方平."外部激活，内部重塑"下的公共事物供给：关于激活乡村内生动力的机制解释[J].中国农村观察，2023(2)：72-89.

[68] 孙继平，韦素琼，游小珺.外部冲击下台资产业的战略耦合与本地发展韧性：来自永福高山茶产业的实证[J].地理研究，2023(5)：1200-1214.

[69] 田世野，李萍.新型农村集体经济发展的新规律：一个三维分析框架[J].社会科学研究，2021(3)：51-58.

[70] 李天姿，王宏波.农村新型集体经济：现实旨趣、核心特征与实践模式[J].马克思主义与现实，2019(2)：166-171.

[71] 程郁，万麒雄.集体经济组织的内外治理机制：基于贵州省湄潭县3个村股份经济合作社的案例研究[J].农业经济问题，2020(6)：43-52.

[72] 方杰.发展新型农村集体经济推动乡村共同富裕[J].农村经营管理，2021(11)：1.

[73] 曾现锋.新型农村集体经济促进共同富裕的内在逻辑分析：基于浙北P市的案例考察[J].云南农业大学学报（社会科学），2023(1)：90-97.

[74] 中共中央党史和文献研究院.习近平关于"三农"工作论述摘编[M].北京：中央文献出版社，2019：189.

[75] 河北省委办公厅，河北省政府办公厅.关于进一步发展壮大农村集体经济的若干意见：冀办〔2021〕12号[A].

[76] 卢祥波.共同富裕进程中的农村集体经济：双重属性与平衡机制——以四川省宝

村为例[J].南京农业大学学报（社会科学版），2022(9)：23-32.

[77] 赫尔南多·德·索托.资本的秘密[M].北京：华夏出版社，2017：5-6.

[78] 黄祖辉，李懿芸，马彦丽.论市场在乡村振兴中的地位与作用[J].农业经济问题，2021(10)：4-10.

[79] 张新文，杜永康.集体经济引领乡村共同富裕的实践样态、经验透视与创新路径：基于江苏“共同富裕百村实践”的乡村建设经验[J].经济学家，2022(6)：88-97.

[80] 崔超.发展新型集体经济：全面推进乡村振兴的路径选择[J].马克思主义研究，2021(2)：89-98.

[81] 李宁，李增元.新型集体经济赋能农民农村共同富裕的机理与路径[J].经济学家，2022(10)：119-128.

[82] 刘姝曼.乡村振兴战略下艺术乡建的“多重主体性”：以“青田范式”为例[J].民族艺术，2020(6)：135-143.

[83] 许经勇.理顺农民与土地关系是深化农村改革主线[J].湖湘论坛，2021(6)：119-128.

[84] 习近平.论农村改革发展进程中的市场化建设[J].中共福建省委党校学报，1999(7)：4-10.

[85] 陈锡文.充分发挥农村集体经济组织在共同富裕中的作用[J].农业经济问题，2022(5)：4-9.

[86] 张体勤，刘军，杨明海.知识型组织的人才集聚效应与集聚战略[J].理论学刊，2005(6)：70-72.

[87] 杨海波.知识型组织的社会资本集聚效应及其实现：以高等学校为例[J].中国成人教育，2012(8)：19-22.

[88] 赵晨，唐朝永，张永胜，等.任务冲突与科研团队人才集聚效应：参与型领导的调节效应[J].科学管理研究，2019(10)：56-60.

[89] 蔡庆丰，王仕捷，刘昊，等.城市群人口集聚促进域内企业创新吗[J].中国工业经济，2023(3)：152-170.

[90] 魏后凯.2020年后中国减贫的新战略[J].中州学刊，2018(9)：36-42.

[91] 王曙光，郭凯.农村集体经济的减贫效应与内在机理研究[J].农村金融研究，2019(11)：3-9.

[92] 台德进，蔡荣.粮食主产区政策与农户收入不平等[J].华南农业大学学报（社会

科学版），2023（2）：26-37.

[93] 高平，王潇.内蒙古鄂尔多斯市：项目示范带动集体经济增强内生动力[N].光明日报，2023-05-08（09）.

[94] 闫廷，刘英，陈静.内蒙古鄂托克前旗多元发展集体经济鼓足农牧民“钱袋子”[N].消费日报，2023-02-28（08）.

[95] 刘晓玲.新型农村集体经济：核心要义、实践模式和经验启示——基于湖南省部分村庄的调查[J].湖南行政学院学报（双月刊），2022（3）：132-137.

[96] 村级集体经济看亮点：内蒙古乌兰浩特市义勒力特镇探索集体经济最优解[N].新华日报，2022-11-23（08）.

[97] 高敏娜，陈艳荣.联村集体经济模式闯出发展新路[N].内蒙古日报，2023-02-06（08）.

[98] 王文龙.地区差异、代际更替与中国农业经营主体发展战略选择[J].经济学家，2019（2）：82-89.

[99] 内蒙古自治区扶持壮大嘎查村级集体经济项目和资金管理办法：内财农规〔2021〕10号[A/OL].（2021-08-25）. https:czt.nmg.gov.cn/zwgk/zfxxgk/fdzdgknr/gfxwj/202211/t20211111_1939495.html.

[100] 张雪冬，刘泽.壮大村级集体经济 夯实共同富裕根基[N].内蒙古日报，2022-06-15（08）.

[101] 呼伦贝尔发展壮大集体经济[N].呼伦贝尔日报，2022-08-12（07）.

[102] 李伟中.知识分子“下乡”与近代中国乡村变革的困境：对20世纪30年代县政建设实验的解析[J].南开学报（哲学社会科学版），2019（1）：115-125.

[103] 潘家恩.百年乡建 一波三折[J].读书，2015（4）：24-30.

[104] 黄家亮.赋利赋权赋能：农民参与乡村建设的动力再造[J].江苏社会科学，2023（2）：97-104.

[105] 芮旸，金淘，林静怡，等.中国传统村落人口外流场的空间识别与形成机制：基于第四、五批国家级传统村落的初探[J].地理研究，2023（5）：1248-1266.

[106] 李小云.建设农业强国要重点抓好农民增收[J].中国党政干部论坛，2023（3）：32-36.

[107] 贺立龙，郭劲廷，吴佳燕，等.中心城镇偏离度、生计策略与农户收入提升：来自四川凉山地区村户抽样调查的证据[J].财经科学，2023（4）：91-109.

[108] ZAHRAN S，PEEK L，SNODGRASSJ G，et al. Economics of disaster risk，social vulnerability，and mental health resilience[J]. RiskAnalysis an Official Publication of the Society for Risk Analysis，2011（7）：1107-1119.

[109] 闵学勤.行动者的逻辑：公众参与的阶层化与结构化研究[J].江苏社会科学，2013（4）：47-53.

[110] 孙立平.利益关系形成与社会结构变迁[J].社会，2008（3）：7-14.

[111] 谢茨施耐德.半主权的人民[M].天津：天津人民出版社，2000：128.

[112] 王奎明，韩志明."别闹大"：中产阶层的策略选择——基于"养老院事件"的抗争逻辑分析[J].公共管理学报，2020（2）：84-94.

[113] 奥尔森.集体行动的逻辑[M].上海：上海三联书店，1995：29.

[114] 奥立佛，马维尔.集体行动的动员技术[M].北京：北京大学出版社，2002：95.

[115] 谭爽.草根NGO如何成为政策企业家?：垃圾治理场域中的历时观察[J].公共管理学报，2019（2）：79-90.

[116] 陈红霞.英美城市邻避危机管理中社会组织的作用及对我国的启示[J].中国行政管理，2016（2）：141-145.

[117] 岳璐.群体性事件中网络民意的表达与互动机制研究[J].求索，2012（10）：245-246.

[118] 陈宝胜.邻避冲突治理的地方政府行为逻辑[J].中国行政管理，2018（8）：119-125.

[119] 王英伟.权威应援、资源整合与外压中和：邻避抗争治理中政策工具的选择逻辑——基于（fsQCA）模糊集定性比较分析[J].公共管理学报，2020（2）：27-39.

[120] 王英伟.异质群体行动对政府决策的差异化作用逻辑：基于阶层视角的定性比较分析[J].公共管理与政策评论，2023（2）：127-143.

[121] 赵祥.准确把握新时代建设现代化产业体系的多维路径：基于部门、功能和空间三维视角的研究[J].经济学家，2023（5）：68-77.

[122] 徐鹏杰，张文康，曹圣洁.产业结构升级、构建现代产业体系与农民农村共同富裕[J].经济学家，2023（5）：78-88.

[123] 王轶，刘蕾.从"效率"到"公平"：乡村产业振兴与农民共同富裕[J].中国农村观察，2023（2）：144-164.

[124] 钱家乘，师诺，赵华甫，等.中国耕地弹性管控的理论解析与研究框架：从单一目标权衡到多目标协同[J].中国土地科学，2023（3）：38-47.

[125] 董艳敏，严奉宪.生计资本抑制了农村居民家庭相对贫困吗?：基于水平和结构的双重视角[J].中国农业大学学报，2023（06）：244-262.

[126] 蒋振，高雅罕，靳乐山.牧户生计资本如何影响畜牧业冻害生计风险：基于风险感知的中介效应分析[J].中国农业大学学报，2023（06）：230-243.

[127] 张戬，吴孔森，王子侨，等.产业发展背景下黄土高原乡村转型与农户生计演化：以陕西省长武县为例[J].地理研究，2023（5）：1285-1306.

[128] 邓金钱.新型农村集体经济赋能脱贫户生计转型：优势、机制与进路[J].中国人口·资源与环境，2023（2）：143-152.

[129] 汪明峰，匡爱平，计怡村.地理学视角下数字创业生态系统的理论框架和研究展望[J].地理科学，2023（1）：31-40.

[130] 于滨铜，王志刚.关系治理、契约治理与农业产业生态系统演进[J].管理世界，2023（5）：54-78.

[131] 解垩，陈昕.财税政策对不平等和贫困的影响研究[J].经济社会体制比较，2023（1）：19-31.

[132] 王永钦.产业政策如何发挥作用：来自中国自然实验的证据[J].学术月刊，2023（2）：37-55.

[133] 仇童伟，张丹茹，罗必良.巩固拓展脱贫攻坚成果：财政涉农资金整合何以影响县域产业经济?[J].上海财经大学学报，2022（12）：48-63.

[134] 卡尔·波兰尼.大转型：我们时代的政治与经济起源[M].冯钢，刘阳译，杭州：浙江人民出版社，2007：211.

[135] 周飞舟.从脱贫攻坚到乡村振兴：迈向“家国一体”的国家与农牧民关系[J].社会学研究，2021（6）：1-22，226.

[136] 郑方辉.全面乡村振兴：政府绩效目标与农民获得感[J].中国社会科学，2023（3）：136-151.

[137] 林嵩，谷承应，斯晓夫，等.县域创业活动、农民增收与共同富裕：基于中国县级数据的实证研究[J].经济研究，2023（3）：40-58.

[138] 刘培林，钱滔，黄先海，等.共同富裕的内涵、实现路径与测度方法[J].管理世界，2021（8）：117-129.

[139] 余敬，梁亚荣．社会转型视域下农村集体公益用地功能变迁与现实回应[J]．南京农业大学学报（社会科学版），2018（2）：109-116，161.

[140] 曾恒源，高强．脱贫攻坚与乡村振兴统筹衔接：学理必然、形势任务与政策转型[J]．农业经济与管理，2021（2）：1-10.

[141] 丁关良．农村集体经济组织立法的若干重要问题研究[J]．湖南农业大学学报（社会科学版），2022（4）：64-75.

[142] 高鸣．推动新型农村集体经济高质量发展[J]．农村工作通讯，2023（1）：23-24.

[143] 秦琪．乡村振兴视野下新型农村集体经济发展路径探析[J]．三晋基层治理，2023（2）：105-108.

[144] 徐飞．发展壮大新型农村集体经济促进农民共同富裕[J]．农村·农业·农民，2021（10）：24-25.

[145] 赵意焕．合作经济、集体经济、新型集体经济：比较与优化[J]．经济纵横，2021（8）：20-28.

[146] 王军．供销合作社推动农村集体经济发展的机制和路径[J]．重庆工商大学学报（社会科学版），2022（5）：14-24.

[147] 文明，陈晓燕．内蒙古培育农牧业新型经营主体问题调查研究[J]．前沿，2017（7）：32-38.

[148] 梁平．基层非正式治理的法治化路径[J]．法学杂志，2019（10）：73-79.

[149] 王世泰，余达淮．刍议中国农村集体经济发展的内生性动力及途径：基于共同富裕视野的考察[J]．改革与战略，2023（3）：1-9.

[150] 徐勇．种豆得瓜：农村集体经济的不同产业绩效及动因[J]．社会科学家，2016（6）：15-20.